| 台 州 小 微 金 融 改 革 系 列 丛 书 |

In Taizhou

Small And Micro Enterprises Financial Service Reform

台州小微金融
发展报告
（2022）

浙江（台州）小微金融研究院
厦门大学信用大数据与智能风控研究中心　　◎编著
厦门大学数据挖掘研究中心

浙江工商大学出版社 杭州
ZHEJIANG GONGSHANG UNIVERSITY PRESS

图书在版编目（CIP）数据

台州小微金融发展报告. 2022 / 浙江（台州）小微金融研究院，厦门大学信用大数据与智能风控研究中心，厦门大学数据挖掘研究中心编著. — 杭州：浙江工商大学出版社，2022.12

（台州小微金融改革系列丛书）

ISBN 978-7-5178-5179-0

Ⅰ. ①台… Ⅱ. ①浙… ②厦… ③厦… Ⅲ. ①中小企业－金融－研究报告－台州－2022 Ⅳ. ①F279.243

中国版本图书馆 CIP 数据核字（2022）第 206498 号

台州小微金融发展报告（2022）

TAIZHOU XIAOWEI JINRONG FAZHAN BAOGAO（2022）

浙江（台州）小微金融研究院
厦门大学信用大数据与智能风控研究中心 编著
厦门大学数据挖掘研究中心

策划编辑	郑　建
责任编辑	黄拉拉
封面设计	望宸文化
责任校对	何小玲
责任印制	包建辉
出版发行	浙江工商大学出版社
	（杭州市教工路 198 号　邮政编码 310012）
	（E-mail：zjgsupress@163.com）
	（网址：http://www.zjgsupress.com）
	电话：0571－88904980，88831806（传真）
排　版	杭州朝曦图文设计有限公司
印　刷	浙江全能工艺美术印刷有限公司
开　本	710 mm×1000 mm　1/16
印　张	10.5
字　数	164 千
版 印 次	2022 年 12 月第 1 版　2022 年 12 月第 1 次印刷
书　号	ISBN 978-7-5178-5179-0
定　价	59.00 元

编 委 会

主　　任：林先华　崔凤军

副主任：蔡木贵　胡新民　喻晓岚　俞威　李钧敏

成　　员：林敬萍　鲍大慧　潘湖滨　黄军民

　　　　　王　钧　江建法　金时江　段文奇

编写人员

陈　耸　方匡南　张庆昭　汪潇颖

谢　莹　黄科颖　薛嘉靖

本著作是以下项目资助成果：

国家自然科学基金面上项目"基于多源信息融合的高维分类方法及其在信用评分中的应用"（编号：72071169）

教育部人文社科研究青年基金"基于半监督学习的消费金融风控方法与应用研究"（编号：20YJC910004）

浙江省高校重大人文社科攻关计划项目"供给侧结构性改革下小微企业金融服务水平监测与优化对策研究"（编号：2018QN084）

前　言

　　2021 年，是"十四五"的开局之年，是我国全面建成小康社会、实现第一个百年奋斗目标后，开启全面建设社会主义现代化国家新征程的起始。 面对国内外复杂多变的经济形势与新冠肺炎疫情的交叉冲击，出身于草根、成长于市场风浪的台州民营企业，既显现出"咬定青山"的韧性，又通过创新驱动释放蜕变的潜能。 台州正从国家级小微金改试验区向示范区加速迈进，在实践中进一步探索小微金改的新路。

　　2016—2021 年，作为民营经济强市、小微企业大市的台州积极拓宽小微企业融资渠道，新增上市公司 31 家，总数达 65 家，其中 A 股上市公司 61 家。 同时，台州不断支持小微企业提质升级，建成省认定小微企业园 126 个。 此外，台州还推动小微企业"线上＋线下"融资对接机制创新，推出大量线上融资产品，发布信贷产品 758 个，线上融资总额达 1968.24 亿元。"小微金改全国看浙江，浙江看台州"，台州已初步创造了具有中国特色、可持续、可复制的"政府有为、竞争有度、信用有价、联动有效"的小微普惠金融"四有"经验，一个具有强烈台州辨识度的小微金融"台州模式"开始在全国闪耀。

　　本报告聚焦台州小微金融发展现状，旨在阶段性总结台州小微金融在 2021 年的发展情况与小微金融"台州模式"的新内涵，进而传播与推广台州小微金融改革实践的经验。 基于台州市金融服务信用信息共享平台的微观大数据，本报告对 2021 年台州小微金融、小微企业的发展情况进行了多层次、多角度的综合分析，以及对台州的小微金融政策进行了归纳和分析，并结合相关案例进行说明。 具体而言，本报告做了如下工作：（1）结合微观大数据和数字普惠金融指数对 2021 年台州小微企业和小微金融服务的发展现状进行分析，并与新冠肺炎疫情暴发前的发展状况进行对比，以期对小微企业与小微金融服务当前发展态势及存在问题有全面的了解；（2）基于金融机构、税务等多源数据编制的台州小微企业恢复指数，用以实时监测和分析台州小微企业的复工复产情况；（3）对小微金融指数（台州样本）的总指数以及成长、服务和信用 3 个二级指数的运行情况进行分析，揭示小微企业发展运行情况、小微企业金融服务水平和信用状况，并与新冠肺炎疫情暴发前进行对比；（4）归纳总结了台州模式中的金融科技发展模式与风险防控机制，结合具体案例做出说明，凝练台州实践的成功经验；（5）阐述了台州在数字化普惠金融创新并将其应用于乡村振兴战略中的实践成果。

基于本报告的研究成果，我们总结了台州小微金融、小微企业的发展现状与存在的主要问题，并为台州小微金融高质量发展提供相关建议。 本报告得出如下主要结论：（1）得益于各级政府和相关部门的大力支持与台州小微企业自身坚韧不拔、创新求变的优良特质，台州小微企业 2021 年整体恢复情况较好；（2）台州小微金融服务紧扣新冠肺炎疫情下的小微企业需求，不断践行"金融服务实体"的发展理念，助力小微企业复苏，进一步发展"台州模式"；（3）2021 年台州小微金融总指数上升趋势较好，小微企业融资压力得到减轻，新增小微企业数量逐渐恢复到与新冠肺炎疫情前相同的情况；（4）台州不断通过金融科技手段提升普惠金融服务，其金融产品、服务机制的创新以及科技赋能使金融服务逐步实现了信息化、大众化、数字化，进而使更多的金融机构愿意为小微企业与低收入群体提供普惠、风险可控的金融服务；（5）台州坚持推动普惠金融的数字化发展与涉农金融服务问题的改革创新，为农村金融业的发展提供可借鉴的台州模式。

针对后续如何促进台州小微金融服务高质量发展，本报告提出如下发展建议：（1）在国内疫情反复、多点散发的背景下，通过"政策帮扶＋多元化"小微金融服务体系助力小微企业纾困；（2）在国内国际双循环的新发展格局下，发挥小微金融优势，推进区域多元合作；（3）深化市场化改革，推动小微金改向示范区迈进；（4）加快数字赋能产业转型，推动工业 4.0 标杆城市建设；（5）构建高层次的企业创新主体，建设高素质的创新人才高地；（6）深化金融安全治理，构建防范化解小微金融风险长效机制。

目录
Contents

1

绪论

1.1　研究背景

我国中小微企业数量庞大,且经过多年的发展,近年来已经成为国民经济的主力军,对经济发展起着至关重要的作用。 第四次全国经济普查结果显示,2018 年末我国小微企业(含个体工商户)数量超过 9000 万家,占全部企业数量的 99.8%,遍布全国不同地区的各个行业,贡献了全国 60% 的国民生产总值和 50% 以上的税收,满足了 80% 左右的城镇就业,因此发展小微企业对我国经济高质量发展具有十分重要的意义。[①] 2014 年 10 月 31 日,国务院在印发的《关于扶持小型微型企业健康发展的意见》中强调了以下 4 点内容:一是要落实好已有的支持政策;二是针对财政扶持、税收优惠、金融支持、公共服务、政策信息互联互通等方面提出了 10 条政策措施;三是要努力推动精准扶持的实现,提高小微企业成活率和生存质量,促进小微企业的健康发展,推动全面深化改革和经济长期可持续发展;四是加强创业投资引导基金对小微

[①]　方匡南:《大数据与人工智能提升小微企业金融服务研究》,http://field.10jqka.com.cn/20211025/c633614297.shtml。

企业的支持，鼓励大型银行加大小微企业金融服务专营机构建设力度。

1.1.1 疫情时期小微企业面临的巨大挑战

新冠肺炎疫情的暴发使全球经济受到巨大影响，也使我国社会与经济受到了不小的冲击。2020 年全年的 GDP 增速仅 2.3％，较上年下降 3.8 个百分点，其中第一季度 GDP 同比下降 6.8％，外商直接投资新设企业数同比下降 5.7％。在疫情期间，我国政府出台了一系列政策来加强对小微企业的信贷支持，但是小微企业融资难、融资贵等问题仍十分突出，尤其是小微企业"首次贷"难的问题。相比大型企业，小微企业具有轻资产、高风险的特征，其抗风险能力较弱，加上小微企业难以获得稳定融资，因此遭受的冲击更大、影响更深，面临着巨大的生存风险。[①] 2021 年，小微企业开始复工复产，但由于受到海外疫情持续蔓延、国内疫情不断反复、消费需求发生改变等因素的影响，小微企业的融资需求和融资环境也发生了重大的变化。尽管小微企业贷款持续增加，但其仍面临融资期限不匹配、信用类产品缺乏、融资增信不足等问题。因此，针对小微企业的金融服务有待进一步改善和提升。

1.1.2 "十四五"规划助力中小企业发展

2021 年 11 月 10 日，国务院办公厅发布了《关于进一步加大对中小企业纾困帮扶力度的通知》，其中提出 9 条措施以加大助企纾困力度，减轻企业负担，帮助企业渡过难关。2021 年 11 月 19 日，工信部发布《提升中小企业竞争力若干措施》。2021 年 12 月 17 日，工信部等 19 个部门联合发布《"十四五"促进中小企业发展规划》，其中包括发展背景、发展思路和目标、主要任务、重点工程、保障措施 5 个部分。该规划提出，到 2025 年，中小企业整体发展质量稳步提高，创新能力和专业化水平显著提升，经营管理水平明显提高，服务供给能力全面提升，发展环境进一步优化。

[①] 方匡南：《大数据与人工智能提升小微企业金融服务研究》，http://field.10jqka. com.cn/20211025/c633614297.shtml.

1.1.3 台州小微金改试验区正在向示范区迈进

台州市民营经济发达，小微经济历史较长，草根创业文化浓厚，具有良好的营商环境。 2015 年 12 月 2 日，国务院常务会议决定，建设浙江省台州市小微企业金融服务改革创新试验区；同年 12 月 11 日，人民银行、国家发改委、财政部、银监会、保监会①、证监会、外汇局联合下发关于印发《浙江省台州市小微企业金融服务改革创新试验区总体方案》的通知，正式批准设立浙江省台州市小微企业金融服务改革（以下简称"小微金改"）创新试验区。2021 年 3 月 5 日，全国人大代表元茂荣在接受媒体采访时表示，台州市作为国家小微金改创新试验区已届满 5 年，建议将台州市小微金改创新试验区升级为示范区，并推广试验区经验，探索小微金融改革创新举措，为小微企业融资难题的解决贡献台州力量。 元茂荣建议："国家有关部委可以考虑构建小微金融服务台州模式推广机制，拓展小微金融数字化运用场景，探索科创企业多渠道融资机制，完善政府性融资担保体系，建立小微企业融资辅导体系，在政策支持、数字赋能、融资辅导等方面助推小微企业发展。 同时，国家有关部委也要持续优化区域金融生态系统，探索建立地方金融监管平台，切实完善金融环境综合治理机制，推广和深化前期重点改革成果。"

1.2　概念界定

近年来，我国大力深化金融供给侧结构性改革，不断增强金融为实体经济服务的能力，其中一项重要任务是发展普惠金融。 根据国务院印发的《推进普惠金融发展规划（2016—2020 年）》，普惠金融是指立足机会平等要求和商业可持续原则，以可负担的成本为有金融服务需求的社会各阶层和群体提供适当、有效的金融服务。 小微金融（Microfinance）作为普惠金融的重要组

---

① 2018 年，银监会和保监会合并成立中国银行保险监督管理委员会，简称"银保监会"。在此之前，银监会和保监会是分开的两个机构。

成部分，对小微企业获得针对性的金融服务有着重要的作用，是小微企业发展的活力源泉与重要保障。 小微金融在国际上的界定是为收入贫困阶层发放小额贷款的小型金融机构，在国内被界定为专门向小型和微型企业及中低收入阶层提供小额度的可持续的金融产品和服务的活动。 根据中国银监会发布的《关于进一步做好小微企业金融服务工作的指导意见》，小微金融服务工作包括银行业金融机构对小微企业的信贷资源投入、完善小微企业金融服务监测体系和创新小微企业金融服务产品等一系列内容。 随着金融业的发展，目前各类金融机构基本都介入小额贷款的业务中。 为顺应这一发展趋势，本报告将小微金融的定义扩展为：正规金融机构和民间金融组织对中小微企业、个体工商户、城乡社区居民的金融支持和金融服务。 本报告后续分析内容所提及的小微金融将采用该定义，并将服务对象聚焦小微企业和个体工商户。

在中国民营经济蓬勃发展的背景下，小微金融服务对象中的小微企业具有重要的地位，其发展将直接影响到国民经济与社会发展稳定。 国家和政府一直以来高度关注和重视小微企业的发展：2002年，第九届全国人民代表大会常务委员会第二十八次会议通过了《中华人民共和国中小企业促进法》。2009年，国务院颁发了《关于进一步促进中小企业发展的若干意见》。 2011年，小微企业概念被正式提出：小微企业是小型企业、微型企业、家庭作坊式企业和个体工商户的统称。 为了更准确地划分企业类型，根据工信部、国家统计局、国家发改委、财政部在2011年研究制定的《中小企业划型标准规定》，国家统计局基于《国民经济行业分类》（GB/T 4754—2017），并结合了统计工作的实际情况，制定出《统计上大中小微型企业划分办法（2017）》。依据该办法，可以将各种组织形式的法人企业、单位和个体工商户划分为大、中、小、微型4种类型。 本报告后续分析内容所提及的小微企业均是采用该办法进行划分的。

1.3　台州小微金融发展概况

改革开放以来，台州小微金融经历了从无到有，逐步规范、成熟的发展历程，创造了在全国有广泛影响的小微金融创新发展的台州经验，形成了小微金融与民营经济共生共赢的良好格局。 台州小微金融资源供给主要有两个源头：一是草根金融。 城商行、农商行等本土金融机构逐渐成长与发展，为台州小微企业(含相关个人)提供融资服务，是小微金融服务的主力军。 二是主力金融。 国有银行、股份制银行台州分支机构向下兼容增加了小微金融供给，为小微企业法人提供金融服务①。

20 世纪 80 年代初期，台州民营经济的发展直接带动了民间资本的迅速积累，经济的发展对资金的需求更加迫切。 在国有正规金融机构无法满足资金需求的情况下，以民间借贷为主体的民间金融迅速发展，成为民营企业成长的重要支撑，也成为民营经济发展的重要组成部分。 民间金融是自发秩序、习俗规范的金融市场，但其缺乏相关制度的管理和监督，使得民间借贷纠纷现象非常普遍。

随着我国经济的快速发展，"两小经济"(集体经济和个体私营经济)面临着开户难、结算难和融资难等困境，城信社应运而生。 成立初期的台州地方金融机构虽然自有资金有限，却产权明晰、经营机制灵活，确定服务小微企业的市场定位，以"地缘、亲缘、人缘"为主滚动积累客户，熟人的信誉机制有效地降低了风险和交易成本。 其还推出更人性化的服务时间，信贷业务具有"额小、期短"的特征，信贷审批速度快、效率高，与小微企业融资"短、频、急"的需求相适应，有效地解决了中小企业的资金需求问题，也推动了金融机构自身的发展壮大。 农村信用社也是小微金融发展的重要一环，其源于农村合作基金会，借助央行票据兑付，通过管理层多年持续引导，促进规范运作，逐步形成农合行体系。

20 世纪 90 年代中期，针对城信社经营不规范、定位不准确等问题，国务院要求清理整顿，组建城市合作银行。 台州市委、市政府经过反复论证，力排政策干扰，说服上级主管部门和业内专家，对民营经济发达的台州实行例外管理，保留台州银座城市信用社、泰隆城市信用社等城信社。

---

① 胡文雄、周子凝:《台州小微金融四十年发展历程》,《台州日报》2019 年 1 月 23 日,第 5 版。

2002—2006 年，是台州小微金融的规范发展阶段。 该阶段的主线是：通过改制，台州城商行在业务模式、风险控制、管理模式、公司治理等方面实质性地向商业银行转型、演进。 台州银座城市信用社改制为台州市商业银行，2010 年更名为台州银行；泰隆城市信用社和温岭城市信用社于 2006 年分别改制为浙江泰隆商业银行和浙江民泰商业银行。 这一时期，城商行更加聚焦小微金融，体现在以下几个方面：一是清晰的战略定位。 台州银行秉持"中小企业的伙伴银行"的理念，旨在构建核心竞争力，提升信贷技术和管理能力，寻求经济效益和社会效益的平衡，赢得更为广阔的发展空间。 二是聚焦开发小微产品。 台州银行推出小本贷款，泰隆银行推出小额信用贷款，降低信贷门槛，拓宽小企业融资渠道。 临海农商行推出丰收卡，服务"三农"。 三是学习引进国际小贷技术。 台州银行引进德国复兴银行信贷技术，提升了小微金融服务理念，从"贷与不贷"转变为"贷多贷少"。 同时，台州银行重点聚焦第一还款来源，从小微企业经营力视角测评风险，把握住风险的源头。

此时，小微企业融资难的困境得到局部缓解。 在城商行业务覆盖区域，小微企业融资大多数通过企业主个人经营性贷款方式来实现。 农合行以服务"三农"为重点，推出丰收小额贷款卡和丰收创业卡，满足了农村经营户的融资需求。 工商银行台州分行积极探索小企业信贷业务，并建立分层营销机制，将县支行定位为小企业信贷业务主办行。 地方政府支持城商行的改制，为城商行的独立运作留足空间。 台州市地方政府"参股不控股""参与不干预"。 根据银保监会要求，台州市政府以最低股份比例参股城商行改制，不干预城商行的银行领导任命、银行治理等，保证城商行的独立运作。

2006—2012 年，是台州小微金融的快速发展阶段。 该阶段的主线是：城商行跨区域带来新的发展空间，主要包括城商行经历的跨县发展、跨市发展和跨省发展 3 个阶段；允许城商行、农商行发起设立村镇银行，实现跨区域发展。

基于台州小微金融深入实践探索的基础，城商行跨区域发展，台州小微金融的业务模式更加成熟、标准，产品更加丰富、多元化，小微金融的服务效率显著提高，主要体现为：一是小微金融信贷技术趋于成熟。 围绕小微金融调查技术，泰隆银行提出"三品（人品、产品、押品）三表（水表、电表、海关报表)", 台州银行提出"三看三不看", 民泰银行提出"看品行、算实账、同商量", 将数字化的"硬信息"和社会化的"软信息"有机结合, 定性与定量相结合地测评客户。 二是"走出去", 推广应用小微金融技术。 泰隆银行三门支行获准开业开启了城商行跨区域发展历程。 从跨县经营到跨市经营再到跨省经营, 3 家城商行积极抓住机会, 通过开设分支机构和发起设立村镇银行, 实施"走出去"战略。 在跨区域经营过程中, 积极推广应用小微金融信贷技术, 服务当地小微企业。 三是深耕小微金融本土市场。 3 家城商行探索社区化服务, 农商行探索"整村授信"服务, 深挖本土小微金融服务空间。小微金融服务产品更加丰富、多元化, 小微金融风险控制机制进一步成熟, 如: 利用 IT 技术建立小微贷款信息平台, 提高信息共享能力, 提高小微服务效率, 重视人才培训培养。

此外, 国有银行台州分行也开始重视小微金融, 机构、业务重心下沉, 与城商行、农商行交叉服务小微企业。 本地城商行在快速发展的同时, 也面临着人才、市场的双重竞争。 台州市委、市政府加强了对地方金融的监管, 也为其提供了更多的服务, 主要体现为: 一方面, 司法机关积极配合商业银行打击"逃废债", 通过建立黑名单、失信惩戒等制度, 打造诚实守信的信用环境; 另一方面, 从服务总行视角看, 地方政府积极支持城商行异地发展, 如帮助城商行平息异地支行挤兑风波。

2012 年, 台州市被列入浙江省小微金改创新试验区。 自此, 台州小微金融从金融系统创新向区域集成创新演进, 通过小微金融服务全产业链创新, 延长了金融服务的价值链, 进一步增强了金融业服务实体经济的能力, 有效地促进了小微企业的提质升级。 2015 年, 台州小微金改从省级试验区提升为国家级试验区。 为了做精、做强小微金融, 各机构积极创新, 进一步细分小微金融客户: 一是创新服务平台。 泰隆银行、台州银行基于 Pad 智能终端, 建立移动工作站, 满足客户便利化需求。 台州银行探索社区支行, 打通小微金融服务的"最后一公里"。 农商行全面推进"整村授信", 深化农村普惠金融。 民泰银行建成网络直销银行, 为小微企业提供一站式金融服务。 二是创新获客渠道。 民泰银行推出"商惠通""农惠通", 温岭农商行推出"农链通", 工商银行台州分行推出"工银聚""水泵贷""渔捷贷", 各银行运用网络平台，提高获客效率。 三是探索信贷工厂。 泰隆银行利用移动互联技术建设"信贷工厂"，台州银行以兴农卡为切入点，建立前端批量获客、中台集中作业的"半信贷工厂"模式，农商行推行"普惠快车"和"小微专车"授信评价模型，工商银行台州分行探索分工序、流水线、高效率的信贷工厂模式，节约了人力成本，提高了服务效率。 四是创新金融产品。 民泰银行推出"随意行"，泰隆银行推出"信保贷"和"创业贷"，温岭农商行推出"普惠贷"，工商银行台州分行推出"循环贷款""信用贷款""网络贷款"，使得小微金融更为便捷。 泰隆银行以"标贷通"和"智融通"，温岭农商行以"股权反担保质押贷款"等产品，创新了质押贷款。 这一阶段，台州逐渐形成以城商行、农商行为主体，以国有银行、股份制银行为两翼，以村镇银行、小额贷款公司、民间资本为补充的多层次小微金融服务体系，使得小微金融信贷市场竞争越来越充分。

政府强化金融信贷风险控制，营造健康金融信用环境。 台州市委、市政府于 2014 年建立金融服务信用信息共享平台，建立小微企业信用保证基金；于 2015 年设立小微金融研究院，开发小微金融指数。 同时，政府持续推进台州小微金改创新，重点开展小微金融服务标准化、动产质押融资等全国试点工作，打造信保基金 2.0 和金融服务信用信息共享平台 3.0，推动信保基金增量扩面，深度开发信用信息共享平台大数据，实现小微企业融资需求和银行金融产品线上无缝对接。

台州小微金融的实践与探索完全建立在市场化的基础上，充分尊重市场规律，使得小微金融模式具有持续性。 市场机制在金融资源配置中的决定性作用，有效提高了资源配置效率。 台州 3 家城商行也经历了市场经济的洗礼，是市场竞争"大浪淘沙"的结果。 城商行的民营化，彰显出了体制优势，打破了传统银行与小微企业之间的体制壁垒，缓解了融资难的问题。 国有银行、股份制银行参与小微金融市场竞争，降低了融资成本，缓解了融资贵的问题。

台州小微金融的诞生源于以实业为主体的民营经济发展的内在需求。 台州小微金改既得益于蓬勃发展的民营经济，又促进了民营经济的转型升级，实现了金融与实业的耦合互动发展。 此外，台州坚持有所为、有所不为，准确把握自身定位，为小微金融的发展提供强有力的保障。 在制度环境层面，台州主动作为、强势推进，营造了优良的金融生态。 20 世纪 90 年代，在全国城商行实行清理整顿政策的环境下，台州市政府的努力逐渐展现成效，保留了 3 家城商行。 在支持城商行"走出去"方面，台州市政府加强社会诚信建设，打造了良好的信用环境。 在经济利益层面，台州市政府充分尊重市场规律，并在城商行的改制过程中采取了"参股不控股""参与不干预"等做法，充分发挥了 3 家城商行行为独立市场主体的作用和能动性。 同时，地方政府还通过创新信用信息共享平台、信保基金、信用体系等，推进了社会诚信建设。 金融机构通过落地信用户、信用村（居）、信用镇（街道）等项目，夯实了社会信用基础。

1.4 台州小微金改发展历程

台州市是我国股份合作制的发源地和民营经济最具活力的城市之一，民营经济占全市经济总量 95% 以上。 全国首个小微企业信用保证基金、首个金融服务信用信息共享平台、首个小微金融指数等一系列首创性、关键性改革创新举措先后在这里落地开花，为全国小微企业金融服务提供了台州实践、台州经验和台州样板。

1.4.1 台州小微金改发展背景

（1）小微企业扮演着重要角色

经过一段高速发展阶段，我国经济逐渐向高质量发展转变。 由于中小微企业是国民经济和社会发展的主力军，是扩大就业、改善民生、促进创业创新的重要力量，在稳增长、促改革、调结构、惠民生、防风险中发挥着重要作用，因此中小微企业在高质量发展当中扮演着重要的角色。 然而，随着国际国内市场环境的变化，中小企业面临着生产成本上升、融资难、融资贵、创新发展能力不足等问题，特别是新创立的小型、微型企业在发展中面临着突出的困难和问题。

党中央、国务院高度重视中小企业发展，于 2014 年 10 月 31 日印发了《关于扶持小型微型企业健康发展的意见》，在强调落实好已有的支持政策的基础上，从财政扶持、税收优惠、金融支持、公共服务、政策信息互联互通等方面提出了 10 条政策措施，努力推动、实现精准扶持，提高小微企业的成活率和生存质量，促进小微企业健康发展，推动经济全面深化改革和长期可持续发展。

台州市是一个小微企业聚集的地区，民营经济发达，小微企业对经济发展和国计民生至关重要。在经济转型过程中，台州市面临的问题更加突出，更加需要金融服务的支持。

（2）草根创业文化深厚

台州民营、小微经济发展历史较长，改革开放后更是依赖于这种草根创业文化，在多个方面领先全国：1979 年在全国最早核发个体工商户营业执照，1983 年成立了全国第一家股份合作制企业，1986 年公布了全国第一个支持股份合作企业发展的政策文件，等等。且与省内各市相比，台州民营企业的平均资产规模偏小。截至 2018 年底，台州企业户均注册资本为 533.1 万元，不到全省企业户均注册资本（1135.3 万元）的一半。

受草根创业文化的影响，台州地方经济主体的主导地位在改革开放前后发生了明显的变化。改革开放前，市场主体的所有制结构单一。1979 年，台州公有制经济比重达到 95.9%，非公有制民营经济比重为 4.1%。而在改革开放 40 多年后的 2019 年，台州小微、民营经济占据了主导地位，小微、民营企业数量占全市企业数的 99.5%，吸纳了 90% 以上的就业人口，创造了 92% 的税收和 77.5% 的 GDP，其中税收和 GDP 分别高出全国平均水平 42 个、17 个百分点。改革开放以来，在多个重要的行业领域，台州民营经济也走在全国前列：全国第一家民营汽车企业——台州吉利汽车于 1997 年成立；全国第一家民营商业银行——台州市商业银行于 2002 年成立；全国第一条民资控股高铁——杭绍台高铁于 2016 年获得批复，于 2021 年底正式开通运营。

此外，台州民营企业在创业过程中，还具有较为明显的审慎经营理念。在过去 30 多年的经营周期中，无论是金融行业抑或是主要的产业，由于秉持了这一经营理念，台州民营企业在遭遇较大经济或金融风险冲击时，其整体的稳定性与韧性均表现较好。

（3）制造业细分行业比较优势突出

制造业和批发零售业一直是台州的核心行业。 改革开放前，台州批发零售业与制造业市场主体数量累计占比达 81.7％，而截至 2018 年末，批发零售业与制造业市场主体数量比重仍保持在 80.9％。

台州制造业体系完善，主导产业突出，呈现出小而美的特征：拥有 35 个工业行业大类、170 多个工业行业中类(国际上共 41 个工业行业大类、207 个工业行业中类)。 台州制造业的细分行业在全国拥有比较优势。 截至 2018 年末，台州有 299 个产品细分市场占有率居国内外第一，拥有 21 个产值超百亿元的产业集群、68 个国家级产业基地。 台州化学原料药出口额占全国的 1/10，农用泵和缝纫机的产销量均占全国的 60％以上，不粘锅占全国产销量的 60％以上，智能马桶占全国产销量的 50％以上。 台州总计有 105 个产品的国际市场占有率位居第一。

（4）市场机制运转有效

台州草根创业文化浓厚，经营主体间的市场竞合意识较为明显。 在促进小微、民营企业发展时，台州也以完善市场机制、创造良好营商环境为主，不断推出各种支持产业转型升级的政策。

首先，台州是我国"和合文化"的重要发源地，强调社会关系、人与自然关系要协调发展。 通过积极引导市场主体，将其与市场经济中的契约精神相结合，打造信用台州的核心竞争力，经过长期的培育，营造了良好的营商环境。

其次，以小微金融市场培育为例，台州在全国诚信治理整顿时，较为包容地保留了 3 家城商行，使得小微金融市场具有了较强的竞争性。 此外，在 3 家城商行发展之初，台州积极支持城商行的改制，使其独立运作。 台州地方政府"参股不控股""参与不干预"，以最低股份比例参股城商行改制，不干预城商行的公司治理与运营，保证城商行的独立、市场化运作，逐步形成了以城商行、农商行为主体，以国有银行、股份制银行为两翼，以村镇银行、小额贷款公司、民间资本为补充的多层次小微金融服务体系，因此，小微金融信贷市场竞争越来越充分，其服务模式、服务质量在全国小微金融机构中领先。

最后，为支持小微企业的转型发展，台州出台了《台州市小微企业工业园建设改造三年行动计划（2018—2020 年）》以及多项配套文件。截至 2020 年底，全市共建成投运小微企业园 159 个，建筑面积达 1318.72 万平方米；在建小微企业园 77 个，建筑面积达 853.99 万平方米。2019 年，在浙江省小微企业园高质量发展综合评估中，台州总分居全省第一位。

（5）金融服务难题急需破解

在改革之初，虽然台州具有相对发达的金融服务体系，金融业发展在全国属于相对发达的地区，但由于大多数小微企业财务不规范、融资能力低、融资需求规模小而散、服务成本高等原因，相当多的小微企业被排除在金融服务体系之外，金融服务不到位、不充分的问题突出。同时，传统的金融服务又由于风控和成本的原因，不能满足总量巨大的小微企业的金融需求，故迫切需要通过改革来破解小微企业金融服务上的难题。

1.4.2　台州小微金改发展历程

早在 2011 年，台州市针对民营经济活跃、小微企业集聚、金融服务滞后等情况，提出了通过金融改革促进小微企业发展的思路，并开展了初步探索，得到了浙江省委、省政府的充分肯定，省政府于 2012 年 12 月批准台州设立省级金融改革试验区。在获得初步成果和经验的基础上，台州市申报获批了国家级改革试验区。2015 年 12 月 2 日，国务院常务会议决定，建设浙江省台州市小微金改创新试验区；同年 12 月 11 日，人民银行、国家发改委、财政部、银监会、证监会、保监会、外汇局联合下发关于印发《浙江省台州市小微企业金融服务改革创新试验区总体方案》的通知，正式批准设立浙江省台州小微金改创新试验区。为贯彻落实文件精神，2016 年 3 月 28 日，浙江省人民政府办公厅下发《关于浙江省台州市小微企业金融服务改革创新试验区实施方案》的通知，并成立了浙江省台州小微金改创新试验区工作领导小组，由浙江省副省长担任组长，浙江省政府副秘书长、浙江省金融办主任、台州市市长担任副组长，对台州金改工作进行统一领导和统筹协调。台州相应成立了台州小微金改工作推进领导小组，由市委书记和市长共同担任组长，常务副市长担任副组长，市金融办和央行台州市中心支行、台州银保监分局等单位协同落实金改的各项任务，由此形成了省市统一协调、上下联动、分头推进、部门协同工作的创新领导模式。2019年6月13日，刘鹤副总理在浙江调研中小银行服务实体经济情况并主持座谈会，他在会上首次提出并充分肯定小微企业金融服务的台州模式。2021年3月5日，全国人大代表元茂荣在接受媒体采访时表示，台州作为国家小微金改创新试验区已届满5年，建议将台州小微金改创新试验区升级为示范区，并推广试验区经验，探索小微金融改革创新举措，为小微企业融资难题的解决贡献台州力量。2021年4月，中国人民银行行长易纲在与浙江省省长郑栅洁会谈时充分肯定台州的小微金改，大力支持台州小微金改试验区升级为示范区。

表 1-1　台州小微金改发展历程

时间	发展历程
2011 年	台州市提出了通过金融改革促进小微企业发展的思路,并就此开展了初步的探索
2012 年	批准台州市设立省级金融改革试验区
2015 年	国务院常务会议决定,建设浙江省台州小微金改创新试验区
	6 部委联合下发关于印发《浙江省台州市小微企业金融服务改革创新试验区总体方案》的通知,正式批准设立浙江省台州小微金改创新试验区
2016 年	浙江省人民政府办公厅下发关于《浙江省台州市小微企业金融服务改革创新试验区实施方案》的通知,并成立浙江省台州小微金改创新试验区工作领导小组,对台州金改工作进行统一领导和统筹协调
2019 年	刘鹤副总理在浙江调研中小银行服务实体经济情况并主持座谈会,他在会上首次提出并充分肯定小微企业金融服务的台州模式
2021 年	全国人大代表元茂荣在接受媒体采访时建议将台州小微金改创新试验区升级为示范区
	中国人民银行行长易纲充分肯定台州小微金改,大力支持台州小微金改试验区升级为示范区

1.4.3　台州小微金改成效总结

台州不断发展小微金改：在企业层面，提高小微经济体金融服务的覆盖率，降低融资成本，扩大规模和提高服务质量；在区域金融体系层面，优化金融服务生态环境，打造融资便捷、服务高效、创新活跃、惠及民生的小微企业金融服务体系；在全国层面，为全国小微金改创新探索新途径、积累新经验。

第一，小微金融服务质量明显提高。 台州小微企业贷款余额占比位居全国前列，金融服务支持小微企业的力度较强。 根据有关部门的统计，台州小微企业贷款余额占比保持在41%—43.5%之间，远远高于全国水平。 在这种条件下要使小微企业的融资份额有大幅度提高，具有相当大的难度。 台州的改革注重扩大金融服务的覆盖面，提高小微企业融资信用贷款比例，另外，台州小微金改采取了一系列措施来增强金融体系的有效性。 台州着重解决融资难和融资贵的问题，在改革中遵循政府引导、市场运作的路径。 市场是否有效，最重要的表现就是综合融资成本是否下降，而台州在这方面取得了明显的效果。

第二，小微金融服务生态环境得到优化。 台州小微金融服务的高质量发展，还体现在金融体系稳定性较高上。 这不仅可以从金融资产质量如贷款不良率这一重要指标进行衡量，也可以在银行的资本充足率方面得到交叉验证。 自2016年以来，台州的贷款不良率逐年降低，贷款总体质量有所提高。从银行业另一个重要的监管指标来看，台州法人银行业资本充足率也要高于全国平均水平。

第三，专注于小微经济体的金融服务体系初步成熟。 台州小微金改的一个重要目标就是建成一个服务于小微经济体的金融生态体系，这体现为：以小微银行为代表的间接融资服务体系较为完善，服务小微企业的专营机构数量明显增长，大中小银行服务小微企业的经营模式均较为成熟；直接融资的带动作用明显，保险服务稳步增长，金融惠及民生，普惠金融服务状况得到明显改善。

1.4.4 具体措施收获宝贵经验

具体来看，台州近5年来采取了各种措施来落实小微金改的各项任务。例如，搭建并优化政企银联动的金融生态，解决银企信息不对称的问题，等等。 小微金改不仅取得了丰富的成果，也使得台州模式的内涵得到了进一步深化。

第一，突出"两有互动"，持续优化政企银联动金融生态。

一是发挥政务服务效能转化作用。将涉及工商企业登记、社保、不动产抵押登记等领域的 173 个事项接入全市 398 家银行窗口一站式代办，实施政银联通工程，实现政府省投入、银行增客源、群众得实惠三方共赢。截至 2021 年 6 月，全市政银联通经办网点累计办件超 200 万笔。二是发挥企业无形资产转化作用。开展知识产权质押融资综合创新，落地浙江省首笔知识产权组合贷款，截至 2020 年 3 月末，知识产权质押融资余额为 62.03 亿元，占浙江全省的 53.03%。在全国率先开展商标专用权质押融资试点，商标质押登记数占全国的 30%，商标质押登记数量和专利质押金额均居全国首位；专利质押金额为 105.3 亿元，较 2018 年增长 950%，首次超过深圳，在全国各地级市中排名第一。三是发挥标准化举措兜底保障作用。设立浙江（台州）小微金融研究院，开展小微金融标准化建设，编制全国首个小微金融指数，发布"信用保证基金业务规范""小微金融指数规范""泰隆银行小微金融标准"等多项标准，为政府服务企业决策、监测防范小微企业运行风险提供指导和参考。

第二，突出"信用有价"，精准破解民营企业贷款难题。

一是首创金融服务信用信息共享平台，集中破解银企信息不对称难题。平台汇集涉及全市 30 个部门、118 大类、72 万家市场主体的 4.14 亿条信用信息，并与省级金融数字平台对接，开设银行等机构查询用户 2541 个，累计查询 1099 万次，使贷前调查成本从户均 20 小时、400 元降到接近 0 的水平。开设"掌上数字金融平台""融资通"线上融资对接系统，截至 2021 年 4 月末，发布信贷产品 698 个，线上融资总额达 760.56 亿元。二是首创小微企业信用保证基金，集中破解企业增信难问题。该基金以政府出资为主、银行捐资为辅，构建政府性融资担保体系，年担保费率不超过 0.75%。截至 2021 年 4 月末，基金规模达 11.7 亿元，在保余额为 133.75 亿元，放大倍数为 10.71 倍，累计服务企业 2.91 万家（在保 1.54 万家），承保金额超 516 亿元，平均担保费率仅为 0.67%，累计代偿率为 0.54%，服务规模居全国地级市首位。三是首创企业信用立法，集中破解民营企业发展难问题。2020 年 7 月 1 日，全国首部企业信用促进地方性法规——《台州市企业信用促进条例》正式实施，在推动解决市场信用问题、降低企业信用融资成本、打造公平公正市场环境等方面显现了积极成效，为全国提供了企业信用促进的台州方案。

第三，突出"两小无猜"，积极构建伙伴式金融服务体系。

一是开创金融服务新模式。全市 20 家地方法人银行不断创新微贷技术，市内 3 家城商行实施"两有一无"低门槛信贷准入模式，形成了小法人银行服务和小微企业深度对接的"两小"特色金融服务。该微贷金融服务技术已在全国 20 多个省区市成功复制，已在台州辖外设 545 家分支机构、200 家村镇银行总行及分支机构。二是开拓惠企直达新渠道。采取地方财政补贴和银行让利联动形式，创新无还本续贷等信贷产品 99 个。截至 2021 年 3 月末，无还本续贷余额为 885.3 亿元，惠及 10.58 万家民营和小微企业，余额和户数分别占浙江省的 19.22％和 26.93％。政策性银行转贷资金授信规模达 372.62 亿元，截至 2021 年 4 月末，信用余额为 286.97 亿元，惠及企业 3.85 万家。同时，利用"两直"资金办理普惠小微企业贷款延期 1124.5 亿元，并发放信用贷款 1276.58 亿元，这 2 项金额分别居全省地级市第一、第二位。三是开启应急服务新境界。2020 年 12 月在浙江省内首发总规模为 1 亿元的抵息券，采取市、县两级财政与 12 家地方法人银行 1∶1 出资的方式，使其用于受困小微企业抵扣贷款利息。截至 4 月末，抵息券惠及企业 23361 家，涉及贷款总额 319.83 亿元，累计为企业节约利息、罚息、居间担保费用超 100 亿元。

第四，突出"资本对接"，全面助力民营企业融入现代资本市场。

自试验区获批以来，台州借助上交所台州基地的平台优势，新增上市公司 28 家，上市公司总数达 64 家，其中 A 股上市公司 59 家，居全国大中城市第十八位、地级市第四位。2021 年一季度，实现直接融资 141.25 亿元，同比增长逾 2 倍。2016 年初至 2021 年 6 月，全市累计从资本市场融资 957.74 亿元。截至 2021 年 4 月，全市实现直接融资 218.36 亿元，同比增长 21.15％。2016 年初至 2021 年 4 月末，全市共发行同业存单、大额存单、永续债、专项金融债、二级资本债等主动性负债、开展资产证券化超过 6633 亿元。台州银行、临海农商行、泰隆银行分别成为全国首家发行永续债的城商行、发行绿色金融债的农合机构、注册并成功发行小微企业资产证券化产品的银行。

1.5 研究意义

本报告依托台州市金融服务信用信息共享平台的微观大数据，结合相关案例，对 2021 年台州小微金融发展进行多方面、多角度、多层次的分析，主要研究意义如下。

第一，提炼出台州小微金融发展模式的新内涵，传播可推广、可复制的台州经验。台州小微金改不仅改善了小微企业的金融服务，也带动了整个金融体系的发展，尤其是促进了普惠金融的发展。这主要体现在个人金融服务的使用情况、可得性和质量三大维度上。台州 3 家城商行作为小微金融服务的代表，一直在台州辖外复制小微金融技术，并取得了较好的效果。本报告在《台州小微金融服务发展报告(2021)》的基础上，对台州小微金融做出阶段性总结，旨在为全国小微金融服务提供可借鉴的、可模仿的、可实施的台州经验。

第二，聚焦台州小微金融与小微企业 2021 年的发展状况，分析新冠肺炎疫情时期的发展与恢复情况。本报告基于台州市金融服务信用信息共享平台和小微指数等关键微观数据，对 2021 年台州小微金融与小微企业的发展做出全方面、多角度的分析。一是利用 2017—2021 年的数据，综合分析小微企业的发展，并构建恢复指数，用于科学监测小微企业受到疫情冲击后的恢复情况。二是具体分析小微金融的发展，并对比疫情前后小微金融指数，阐述台州小微指数运行情况。本报告通过分析数据，对 2021 年台州小微金融与小微企业的发展进行全局洞悉，并有针对性地挖掘出存在的问题以及寻求相应对策。

第三，分析台州市在金融科技的创新与风险防控方面的举措，为全国小微金融的发展设立台州样板。台州市作为国家级小微金改创新试验区已经届满 5 年。在改革期间，台州市积极推动小微金融数字化改革与风险防控体系的建设，持续优化台州模式，交出了一份凝聚台州智慧的答卷。本报告对台州市的金融科技、风控模式与信用评价标准化体系等内容进行分析并结合相关案例进行说明,旨在为全国布点小微金融服务机制体制、信用体系基础设施建设及数字普惠金融发展等方面提供台州经验和台州样板。

第四,结合台州市数字化普惠金融的成果,为助力乡村振兴总结台州的实践经验。 大力发展普惠金融,是我国全面建成小康社会的必然要求。 这不仅有利于促进金融业可持续均衡发展,推动大众创业、万众创新,还有利于助推经济发展方式转型升级,增进社会公平和社会和谐。 近年来,台州致力于打造普惠金融与乡村振兴相融合的金融生态,坚持推动涉农数字金融创新和拓展涉农信贷方式,将数字普惠金融与乡村振兴相结合,收获了许多实践成果。 本报告基于台州创新提升数字化普惠金融手段的各项成果进行分析,并结合具体案例,为助力乡村振兴战略提供台州经验。

1.6 研究框架

本报告将对 2021 年台州小微金融、小微企业的发展情况进行分析,并归纳台州小微金融政策,且结合案例进行说明,旨在阶段性总结台州小微企业与小微金融的发展情况,进而传播与推广台州小微金融改革实践的经验。 后续是具体研究内容,其安排如下。

第 2 章对 2021 年台州小微企业发展状况进行多角度、多层次的细致分析,并基于多源数据构建小微企业恢复指数,监测小微企业在新冠肺炎疫情时期的恢复情况。

第 3 章对 2021 年台州小微金融发展状况进行详细阐述,并与新冠肺炎疫情暴发前的发展情况进行对比,以期对小微金融当前发展态势及存在的问题有全面的了解。

第 4 章针对台州小微金融指数进行分析,包括总指数与各二级指数,并对新冠肺炎疫情发生前后小微企业的运行状况进行对比,揭示小微企业发展运行情况、小微企业金融服务水平和信用状况。

第 5 章归纳总结出台州市金融科技发展概况与风险防控机制,并结合具体案例做出说明,凝练台州实践的成功经验。

第 6 章总结数字普惠金融与乡村振兴，结合台州实践成果进行阐述。

第 7 章是结论与建议。

研究框架如图 1-1 所示。

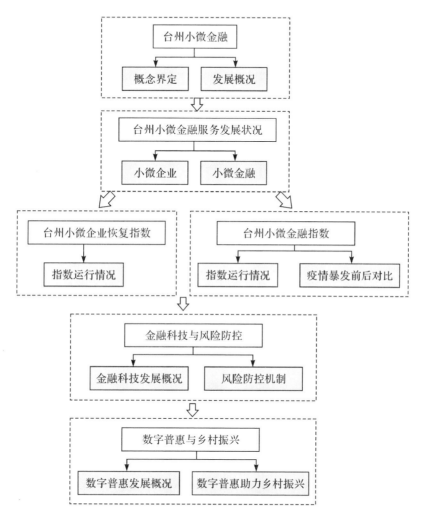

图 1-1　台州小微金融发展报告(2022)研究框架

2 台州小微企业发展现状

　　浙江省台州市是我国民营经济发源地，诞生了中华人民共和国历史上第一家民营股份合作制企业，也产生了全国第一个由地方党委、政府正式颁布的推行民营股份合作制的"红头文件"，是当前我国民营经济最发达地区之一，民营经济比重占到当地经济的95％以上。据不完全统计，台州市企业中约99.5％为中小民营企业，创造了全市92％的税收和77.5％的地区生产总值，小微企业在全市经济中的地位举足轻重。

　　台州市这种以民营经济、小微企业为主的经济产业特点，经过多年发展，形成了汽车及零配件、医药医化、模具与塑料、泵与电机、缝制设备、鞋帽制造等一系列优势主导产业，并逐步形成了满天星斗式的区域、行业块状结构模式——既是一种小而散，又表现出小而精、小而强，并且形成了区域产业集群优势——呈现出非常强的活力。

　　新冠肺炎疫情暴发以来，虽然国内疫情得到了有效控制，但国际形势依旧不容乐观，疫情防控形势依然严峻、复杂。小微企业作为我国国民经济中的重要组成部分，由于体量小、抗风险能力弱，故受疫情冲击较大。为分析疫情给台州小微企业带来的影响，本章利用台州市2017—2021年小微企业微观数据，分析了小微企业生存情况、注册资本水平、纳税及销售收入的现状及成因，并基于收入、支出、现金流等经营类数据构建了台州小微企业综合恢复指数，以监测复工复产情况。

2.1 台州小微企业生存情况

2.1.1 小微企业新增数量保持在较高水平

2017—2021 年台州小微企业注册数量如图 2-1 所示。 2017—2021 年, 新注册数量分别为 94951 家、90470 家、94160 家、152531 家、121137 家, 2020 年数量达到 5 年中的最高水平, 2021 年数量其次。

通过对比 5 年来各月份台州小微企业新注册数量, 得到的结果如表 2-1 所示。 2021 年, 第一季度的注册数量同比平均增长 58.96%, 其中 2 月份出现了高达 449.42% 的增幅, 这与 2021 年浙江省的新设市场主体数量变化趋势具有一致性[①]; 5 月份首次出现负增长, 其增幅为 -74.70%。 在注册的绝对数量方面, 小微企业在每个季度的新注册数量总和比较相近, 均占全年数量的 20%—30%。 除第一季度之外, 其余几个季度的新注册数量与往年的平均水平相差无几。

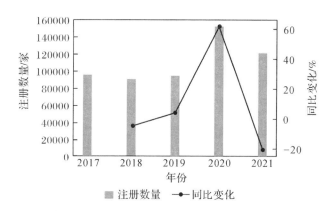

图 2-1 2017—2021 年台州小微企业注册数量及同比变化

本研究认为, 这是由于, 近 2 年来, 相关政策鼓励支持小微企业发展, 驱

---

① 2021 年, 浙江省新设市场主体蓬勃增长, 第一季度新设超 35 万户, 同比增长逾 6 成。

使小微企业注册数量保持增长，逐步恢复到疫情暴发前的水平。具体如下：

(1)新冠肺炎疫情暴发以来，浙江省围绕"六稳""六保"①工作要求全力推进复工复产。在这一背景下，小微企业发挥了自身的积极作用，并在第一季度延续了这一良好的态势。

(2)浙江省出台《关于继续实施惠企政策促进经济稳中求进的若干意见》，持续实施减税降费措施，提供普惠金融服务，助力各类市场主体尤其是小微企业等抗风险能力较弱的市场主体，实现恢复性发展。第一季度全省抽样调查数据显示，约62%的小微企业和个体工商户恢复至疫情发生前水平，77.19%的小微企业和个体工商户实现盈利。

表 2-1　2017—2021 年各月份台州小微企业注册数量及同比增速

| 月份 | 注册数量/家 | | | | | 同比增速/% |
	2017 年	2018 年	2019 年	2020 年	2021 年	
1	4852	8848	7500	5484	8294	51.24
2	4925	3239	4070	947	5203	449.42
3	9331	7424	8763	8740	10619	21.50
4	6998	9666	10170	10618	11481	8.13
5	9228	9065	8859	42840	10837	−74.70
6	8393	7384	7835	27120	10685	−60.60
7	9501	7294	7471	10304	9637	−6.47
8	9365	7370	6949	10605	10202	−3.80
9	7976	8241	8856	9277	7750	−16.46
10	8229	6988	6892	8204	15055	83.51
11	7496	7011	8304	10153	12525	23.36
12	8657	7940	8491	8239	8849	7.40
合计	94951	90470	94160	152531	121137	−20.58

注:同比增速表示 2021 年相对 2020 年的变化(下同)。

---

① "六稳"是指稳就业、稳金融、稳外贸、稳外资、稳投资、稳预期工作;"六保"是指保居民就业、保基本民生、保市场主体、保粮食能源安全、保产业链供应链稳定、保基层运转。

2017—2021 年台州小微企业的注销数量如图 2-2 所示。 小微企业注销数量呈现先下降后上升的趋势，其中 2021 年的注销数量比 2020 年增加 4834家，增加幅度达 34.25％。

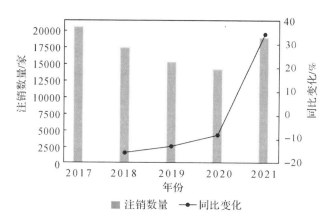

图 2-2　2017—2021 年台州小微企业注销数量及同比变化

2017—2021 年台州小微企业净增数量如图 2-3 所示。 2021 年小微企业的净增数量(指新注册数量减去注销数量)为 102193 家，相比 2020 年降幅为26.17％，为 5 年中的次高水平。 由此可见，相关政策措施的贯彻落实为小微企业营造了良好的制度环境，给企业带来新的发展机遇。

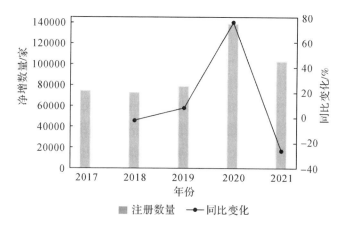

图 2-3　2017—2021 年台州小微企业净增数量及同比变化

2.1.2 新增小微企业地域分布广泛

2017—2021 年台州各区县小微企业的注册数量如表 2-2 所示。 注册数量方面，2021 年温岭市新注册 24268 家小微企业，占比为 20.04％，位列第一；临海市新注册 18004 家小微企业，占比为 14.87％，位列第二。 注册数量的变化幅度方面，2021 年天台县小微企业注册数量的同比增速为 37.47％，其次是市辖区，同比增速为 25.08％。 这些现象表明，温岭市、临海市是小微企业的主要新增地，天台县的小微企业新增能力较强。

表 2-2　2017—2021 年台州各区县小微企业注册数量及相关比例

区县	注册数量/家					同比增速/％	2021 各区占比/％
	2017 年	2018 年	2019 年	2020 年	2021 年		
黄岩区	13796	11170	10197	14747	13741	−6.82	11.35
椒江区	9246	8457	9058	12160	13856	13.95	11.44
临海市	11789	13827	14411	17997	18004	0.04	14.87
路桥区	13500	12545	11452	16477	13981	−15.15	11.54
三门县	4006	4024	5931	10917	8616	−21.07	7.11
市辖区	3630	3824	4687	1926	2409	25.08	1.99
天台县	7459	6532	9587	6946	9549	37.47	7.88
温岭市	16466	15289	15275	33423	24268	−27.39	20.04
仙居县	4945	4923	5311	11845	7676	−35.19	6.34
玉环市	9866	9676	8114	12136	9013	−25.73	7.44
总计	94703	90267	94023	138574	121113	−12.60	100.00

2.1.3 小微企业注销数量略有升高

台州小微企业的注销数量在 2017—2020 年始终保持下降趋势，但在 2021 年有所升高，为 18944 家，同比增长 34.26％。 2021 年台州小微企业在各月份的注销数量如表 2-3 所示。 其中，2 月份小微企业注销数量的增幅最大，同比增加 560.77％，共有 859 家小微企业注销；12 月份降幅最大，同比降低

89.07％，注销数量仅 171 家；8 月份有 2922 家小微企业注销，数量为全年最大。

表 2-3　2017—2021 年各月份小微企业注销数量及同比增速

月份	注销数量/家					同比增速/％
	2017 年	2018 年	2019 年	2020 年	2021 年	
1	766	1702	1374	692	1531	121.24
2	1772	975	785	130	859	560.77
3	1415	1625	2015	1150	1919	66.87
4	1131	1572	1815	1814	1606	−11.47
5	1343	1702	1555	1418	1322	−6.77
6	1925	1802	1343	1694	1735	2.42
7	1720	1894	1494	1369	1644	20.09
8	2167	1683	885	1071	2922	172.83
9	2166	1503	1001	1110	1890	70.27
10	1636	910	753	841	1476	75.51
11	2441	1039	1114	1257	1869	48.69
12	2046	1025	1135	1564	171	−89.07
总计	20528	17432	15269	14110	18944	34.26

图 2-4 展示了 2017—2021 年台州小微企业在住宿和餐饮、制造、批发和零售三大行业的注销占比。5 年来，三大行业的小微企业注销占比之和均超过 60％。其中住宿和餐饮业的注销占比由 2017 年的 1.38％增至 2021 年的 2.08％，呈现出逐年递增趋势，但在 2021 年略有下降；批发和零售业的注销占比也呈现出递增趋势，2021 年的注销占比为 42.15％，为 5 年中最高；制造业的注销占比从 2017 年的 30.81％逐年下降到 2021 年的 19.89％。

我们注意到，批发和零售业的注销占比 2021 年达到 5 年中的最高水平。本报告认为，新冠肺炎疫情带来的一系列问题使这些企业的生存受到了严峻的挑战，具体表现为：零售实体店如购物中心、百货商场等关停；场景体验消费类目如时尚奢品、酒类受挫；传统的超市、便利店虽然维持开业，固定成本正常支出，但其流量严重下行，经营利润大幅下跌。 另外，疫情防控措施的需要也导致了供应链运输能力下降、批发成本上升、生产供给不足、配送返工延迟等问题，进而影响了供应链体系的稳定性，加大了企业注销的可能性。

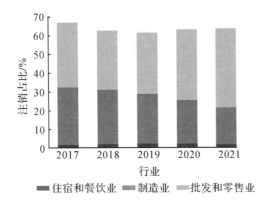

图 2-4　2017—2021 年台州小微企业三大行业注销占比

2.1.4　小微企业经营风险较高,盲目扩张占比得到控制

小微企业的关停原因较多，其中小微企业自身的经营问题为主要原因，具体情况如图 2-5 所示。 2021 年，有 59.25％的小微企业因经营不善关闭，其他原因占比为 28.57％，担保偿债占比为 7.14％，这表明小微企业的融资压力比较大，不易获取传统的金融服务。

图 2-5　2017—2021 年台州小微企业关停各原因占比

本报告根据图 2-6 的信息，依次分析了不同年份小微企业关停原因的占比。 我们发现：疫情发生之前，因盲目扩张而关停的小微企业比例由 6.25％

降至 3.08%，这是因为部分小微企业发展背离主业、多元化经营、多渠道融资等问题得到了一定程度的解决；疫情发生之后，这一比例又攀升至 9.8%，一方面是因为新冠肺炎疫情属于始料未及的突发公共卫生事件，另一方面是因为小微企业主对新冠疫情的影响估计不足，未及时对企业的扩张计划做出调整；在 2021 年疫情得到一定的控制之后，该比例重新降低到 4.76%。

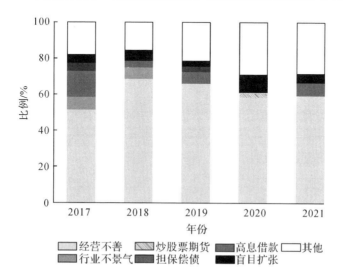

图 2-6　2017—2021 年台州小微企业关停各原因占比

2.1.5　小微企业生存周期差异大

　　台州近 5 年注销的小微企业的生存周期概率密度曲线如图 2-7 所示。注销的小微企业的生存周期呈现出明显的右偏分布，虽然存在经营时长超过 40 年的企业，但在经营 2 年后注销的小微企业居多，这说明绝大部分小微企业生存周期较短。

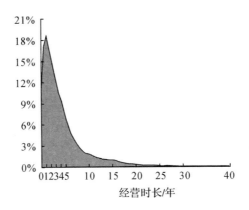

图 2-7 2017—2021 年台州注销的小微企业生存周期概率密度曲线

2017—2021 年台州注销的小微企业的生存周期如图 2-8 所示。 在 2017—2021 年，注销的小微企业的生存周期中位数在 3 年左右，其中，2021 年注销的小微企业的生存周期分布相比于 2020 年更集中。 具体到行业来看，如图 2-9 所示，批发和零售业、住宿和餐饮业的生存周期较短，绝大部分在 5 年以下，只有少部分可达到 12 年；制造业的生存周期稍长，最多可以超过 20 年。此外，2021 年批发和零售业的生存周期中位数（1.96 年）小于 2019 年的生存周期中位数（2.80 年）。 这表明，新冠肺炎疫情的发生在一定程度上加快了批发和零售业、制造业的小微企业的注销速度，缩短了批发和零售业小微企业的生存周期。

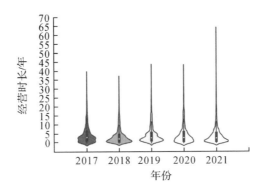

图 2-8 2017—2021 年台州注销的小微企业的生存周期

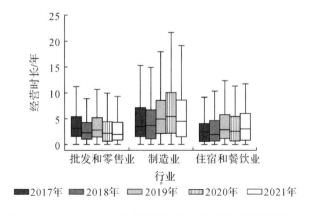

图 2-9　2017—2021 年台州注销小微企业生存周期行业分布

2.2　台州小微企业注册资本水平

2.2.1　小微企业注册资本水平略有回升

2017—2021 年，台州小微企业注册资本的均值持续波动，具体数据如表 2-4 所示。2021 年达到 5 年中的次高水平，为 19.27 万元，标准差为 28.46 万元。25%、50% 和 75% 分位数分别为 2.00 万元、8.00 万元和 20.00 万元，这表明大部分小微企业的注册资本不超过 20.00 万元，过半的小微企业注册资本少于 10.00 万元，这一情况和 2019 年相似。本报告认为，中央出台的一系列支持小微企业发展的政策和推出的有利于小微企业轻装前进的举措，如推进公司注册资本登记制度改革、降低创业成本等，明显改善了小微企业的发展环境，使其迎来了快速健康发展的有利机遇，恢复了经济活力。

表 2-4　2017—2021 年台州新成立小微企业注册资本描述性统计　单位：万元

年份	均值	标准差	25%分位数	50%分位数	75%分位数
2017	9.86	13.58	2.00	5.00	10.00
2018	17.69	27.84	2.00	5.00	15.00

续　表

年份	均值	标准差	25％分位数	50％分位数	75％分位数
2019	19.97	29.93	2.00	6.00	20.00
2020	10.03	13.58	1.00	5.00	10.00
2021	19.27	28.46	2.00	8.00	20.00

如图 2-10 所示，小微企业的注册资本存在行业差异。 住宿和餐饮业的注册资本整体偏低，中位数约为 4.75 万元；2021 年制造业的注册资本和前 3 年的水平接近，中位数均在 5.00 万元；而批发和零售业的注册资本 5 年来中位数一致，均为 4.75 万元，各行业的小微企业注册资本中位数变动较小。

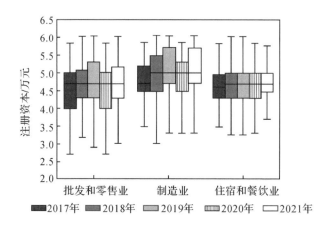

图 2-10　2017—2021 年台州小微企业注册资本箱线图

图 2-11 展示了 5 年中批发和零售业的月注册资本总量的变化情况。 从图 2-11 中可以看出，2021 年月注册资本总量第一季度不断攀升，3 月份达到全年 52 亿元左右的峰值；从 4 月份开始，月注册资本总量不断下降，且下降幅度较大，并在 2021 年 9 月份开始低于前 4 年的同期水平；10 月份以后达到最低，仅接近 1 亿元。 从图 2-11 中还可以看出，2020 年的整体注册资本水平低于前 2 年，批发和零售业市场受到了较大的影响，这是在新冠肺炎疫情期间，线下零售市场消费总量降低和物流、货运通道被阻断等所导致的。

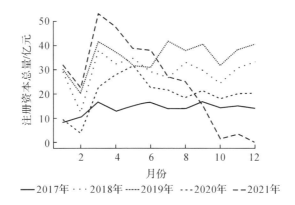

图 2-11 2017—2021 年批发和零售业注册资本总量月度变化

2.3 台州小微企业纳税及销售收入

2.3.1 小微企业纳税总额下降,减税降费政策效果明显

2017—2021 年台州小微企业已缴税额总量如图 2-12 所示。 2021 年已缴税额总量为 55.19 亿元,相较 2020 年同比下降 18.39%,达到 5 年中最低值。2019 年已缴税额总量为 63.59 亿元,相较 2018 年同比下降 56.6%,为 5 年中同比下降幅度最大值,而之后 2 年已缴税额总量都保持在比较小的波动范围内。

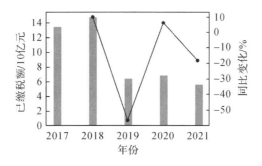

图 2-12 2017—2021 年台州小微企业已缴税额总量及同比变化

表2-5及图2-13给出了台州小微企业已缴税额的描述性统计分析结果，从中可以看出，2021年台州小微企业平均每户缴税3.15万元，缴税额是5年中的最小值。25％、50％和75％分位数分别为0.07万元、0.84万元和3.87万元，总体情况和2019年相似。2017年已缴税额的总体情况和2018年相似，相较于后3年，2017、2018年已缴税额的均值更大，每户分别为8.73万元、9.20万元。

表2-5   2017—2021年台州小微企业已缴税额描述性统计   单位：万元

年份	均值	标准差	25％分位数	50％分位数	75％分位数
2017	8.73	16.22	0.30	1.76	8.72
2018	9.20	16.81	0.32	1.93	9.52
2019	3.95	6.27	0.12	1.14	5.05
2020	4.38	7.46	0.09	1.17	5.23
2021	3.15	5.44	0.07	0.84	3.87

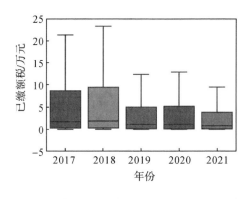

图 2-13   2017—2021年台州小微企业已缴税额

本报告认为，已缴税额的差异与近3年出台的政策有关。2019年，我国出台了许多减税降费政策，其中包括《关于实施小微企业普惠性税收减免政策的通知》《关于小规模纳税人免征增值税政策有关征管问题的公告》和《关于深化增值税改革有关政策的公告》。在这些政策发布之后，2019年全年减税降费数额达到2.36万亿元，其中新增减税1.93万亿元，小微企业减税

0.28 万亿元。① 2020 年,我国连续发布实施了 7 批 28 项减税降费政策,继续加大减税降费力度,新增减税降费规模超过 2.6 万亿元。 2021 年,全年新增减税降费约 1.1 万亿元,其中,为制造业中小微企业办理缓缴税费 0.22 万亿元,为煤电和供热企业办理"减退缓"税费 0.03 万亿元。

2.3.2 小微企业销售收入逆势增长,复工复产效果良好

2017—2021 年台州小微企业的销售收入的月度变化和季度统计如图 2-14和表 2-6 所示,前 3 个季度呈现出明显的季节周期特征,其中 2020 年第四季度相比其他 4 年波动幅度大,远远超过其他水平。 5 年中的 2 月份到 3 月份销售收入都呈现明显的下降趋势,并在 3 月份降至全年最低值。 报告组认为,这是受春节效应的影响,而 3 月份之后又回升到 1000 亿元附近,则是因为节后开工,各企业运作良好。

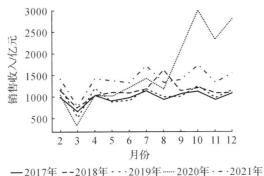

图 2-14 2017—2021 年台州小微企业销售收入月度变化

注:各年度 1 月份销售收入由于数据无法获取不做统计。

表 2-6 2017—2021 年台州小微企业销售收入季度统计   单位:亿元

年份	第一季度	第二季度	第三季度	第四季度
2017	2886.29	4032.86	4043.12	1078.17
2018	3356.57	4365.79	5037.48	1089.33

① 数据来源于《国务院关于 2019 年中央决算的报告》。

续　表

年份	第一季度	第二季度	第三季度	第四季度
2019	2887.57	4171.89	4213.24	1151.92
2020	3139.19	4707.88	6493.64	2813.55
2021	2204.87	5817.90	5795.05	1552.82

2017—2021 年台州小微企业销售收入总量如表 2-7 所示。 2021 年小微企业销售收入总量为 15370.63 亿元,为 5 年中次高水平,企业恢复情况良好。这与一系列针对小微企业的税收优惠政策、台州小微企业销售收入的季节效应和疫情时期的复工复产号召有关。

表 2-7　2017—2021 年台州小微企业销售收入总量及同比增速

年份	销售收入/亿元	同比增速/%
2017	12040.43	
2018	13849.17	15.02
2019	12424.62	10.29
2020	17154.26	38.07
2021	15370.63	10.40

2.4　台州小微企业恢复指数

2021 年是"十四五"的开局之年,是开启全面建设社会主义现代化国家新征程的第一年,也是构建以国内大循环为主体、国内国际双循环相互促进的新发展格局的起步之年。 近 2 年来,新冠肺炎疫情对全球经济的影响一再超出预期,但随着国内相关政策的调整和各级防控措施的加强,我国经济持续复苏,实现了"十四五"的良好开局。 2021 年,我国 GDP 达 114.4 万亿元,增长 8.1%,人均 GDP 达 12551 美元;而台州全市生产总值达 5786.19 亿元,增长 8.3%,取得了高于全国 GDP 增速的好成绩。

在新冠肺炎疫情的第二年,台州小微企业的发展是否回到甚至超越了疫情前(特指 2019 年)的水平？ 不同行业的销售收入恢复情况是否相同？ 为及时监测台州小微企业在新冠肺炎疫情暴发第二年的恢复情况，度量疫情给台州小微企业造成的影响，同时为地方政府的小微企业扶持政策提供参考，进一步助力地方经济发展，本节基于多项指标进行台州小微企业综合恢复指数的构建。

2.4.1 小微企业恢复指数分析

对台州小微企业恢复情况的分析基于以下两方面展开：首先，分析 2021 年台州小微企业经营活动的整体恢复状况，包括 2019—2021 年台州小微企业月度经营指数、2021 年对比 2020 年月度综合恢复指数和 2021 年对比 2019 年月度综合恢复指数；其次，构建基于月度销售收入的恢复指数，对 2021 年台州小微企业经营状况分行业进行分析。

(1)台州小微企业整体恢复状况

2021 年台州小微企业渐渐从疫情的影响中恢复过来，除季节性的波动外，经营指数整体处在近 3 年来较高水平。 相比 2020 年，2021 年小微企业恢复指数在第一、第二季度较高，同比上涨幅度较大；而相比 2019 年，2021 年小微企业恢复指数随时间缓慢上升，在年末上升幅度较大。

(2)台州小微企业月度经营指数分析

台州小微企业月度经营指数如图 2-15 所示。 从图 2-15 中可以看出，2021 年台州小微企业整体运行良好，经营指数呈平稳波动状态。 2 月份经营指数攀升至 79.27，自新冠肺炎疫情暴发以来首次超过疫情前最高水平；7 月份经营指数再创新高，达到 85.41；9 月份至 11 月份经营指数稳定上升并保持在高位。 从图中还可以看出，3 月份经营指数降幅较大，本报告认为：由于数据入库时间相较于实际发生时间存在一定的滞后性，春节效应给经营指数带来的影响体现在 3 月份的大幅下降上，一度下降至全年最低值 41.02，但仍远高于 2020 年同期水平。 节后经营指数迅速反弹，重新回到 3 年来较高水平，并且保持在高位波动。

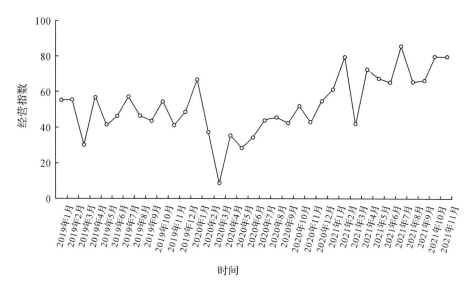

图 2-15 2019—2021 年台州小微企业月度经营指数

(3)台州小微企业月度综合恢复指数分析

图 2-16 展示了台州小微企业 2021 年月度恢复指数与 2020 年同期的差异。这不仅与我国 2021 年各季度 GDP 同比增速变化趋势一致，也反映了台州小微企业在 2020 年的发展情况：第一季度受到疫情的严重影响，各方面正向指标都出现了大幅下降，但随着党和国家不断推进复工复产，第二季度经济开始有明显回升，第三、第四季度也以较快的速度发展。

第一季度恢复指数快速上升，从 1 月份的全年最低值上升至 3 月份的全年最高值 486.72。考虑到数据入库时间与发生时间的滞后性，恢复指数在第一季度的大幅上涨与 2020 年疫情暴发初期台州小微企业所处的情况相一致：台州小微企业在 1 月下旬开始受到影响，且在 2 月份受影响最为严重。随着国家卫健委发布公告将新冠肺炎纳入传染病防治法规定的乙类传染病，实行甲类管理，武汉实施"封城"，30 个省区市相继启动重大突发公共卫生事件 I 级响应，各级疫情防控措施得到落实；在党、国家和人民的共同努力下，疫情逐渐得到控制，确诊病例不断减少。2020 年 2 月 26 日，应急管理部制定出台统筹推进企业安全防范和复工复产 8 项措施，台州小微企业也开始慢慢恢复正常的生产秩序。

第二、第三季度的恢复指数明显低于 3 月份，其中，第二季度平均恢复指数为 211.14，第三季度平均恢复指数为 164.81。 在 3 月份之后，恢复指数逐渐降低，并在 100—200 之间波动，这说明台州小微企业渐渐从疫情的影响中恢复过来，并呈现出稳中加固、稳中向好的态势。

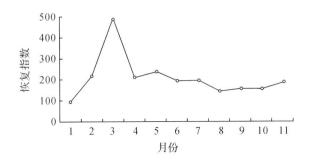

图 2-16　台州小微企业 2021 年对比 2020 年同期月度恢复指数

与 2019 年同期对比，2021 年台州小微企业恢复指数如图 2-17 所示。 不难看出，除第二季度出现较大波动外，2 月份、5 月份和 11 月份恢复指数大幅度上升，整体呈平稳上升态势。 这再一次说明台州小微企业的经营状况恢复良好。

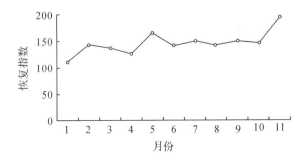

图 2-17　台州小微企业 2021 年对比 2019 年同期月度恢复指数

2.4.2　小微企业分行业销售收入恢复状况

(1)各行业销售收入比重

2021 年台州各行业小微企业的销售收入占比如图 2-18 所示。 销售收入占比最大的行业是制造业，共占 45.13%；其次是批发和零售业，共占

24.22％；位列第三、第四的行业分别是房地产业与建筑业，两者占比相近，分别是 6.65％和 6.56％。

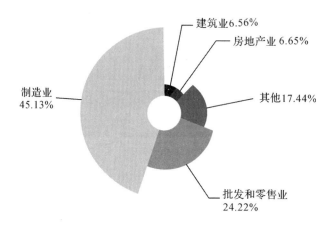

图 2-18　2021 年台州各行业小微企业销售收入占比

（2）销售收入恢复情况

由于各行业的业务与经营侧重面相差较大，利用多指标综合评价不同行业恢复情况会产生较大误差，而销售收入作为企业整体经营状况的一个重要指标，对衡量各类企业的经营状况具有普适性，因此，本部分基于销售收入指标考察不同行业的恢复情况。

与 2020 年对比，台州小微企业 2021 年的销售收入恢复情况如图 2-19 所示。图 2-19 将恢复情况分为 6 个档次：＜100、100—150（不含 150）、150—200（不含 200）、200—250（不含 250）、250—300、＞300。其对应的颜色逐渐变深，由浅色过渡为深色，颜色越深说明数值越大，恢复情况越好，而白色方块则代表缺失值。从时间维度可以看出，深色方块多分布在图像的左半部分，说明 2021 上半年恢复情况较好，这反映了销售收入恢复指数与综合恢复指数大致相同；从行业维度可以看出，在 2020 年 3 月受疫情影响最大的文化、体育和娱乐业以及住宿和餐饮业在 2021 年 3 月恢复情况都比较好，销售收入恢复指数均达到 300 以上。其他在第一、第二季度恢复较好的行业有：科学研究和技术服务业，租赁和商务服务业，房地产业，建筑业，教育，水利、环境和公共设施管理业。而由于金融业在新冠肺炎疫情冲击下所受影响较小，无论在台州小微企业整体受挫较大的 2020 年 3 月还是其恢复良好的

2020 年 8 月，其销售收入都远高于 2019 年同期水平，因此金融业在 2021 年第一、第二季度的销售收入恢复情况不及受疫情影响较大的行业。 受限于统计数据，在此不对第四季度的销售收入恢复情况进行分析。

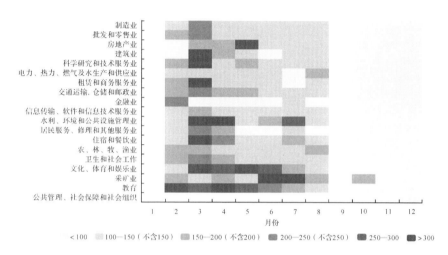

图 2-19　台州小微企业 2021 年对比 2020 年行业的月度销售收入恢复情况

与 2019 年相比，台州小微企业 2021 年的销售收入恢复情况如图 2-20 所示。 不难看出，与 2019 年相比，除个别时间外，几乎每个行业 2021 年每个月的销售收入均比 2019 年同期有所上涨。 由此可见，大多数行业已经恢复到疫情前的水平，且在各种政策的支持下，正不断向上发展。

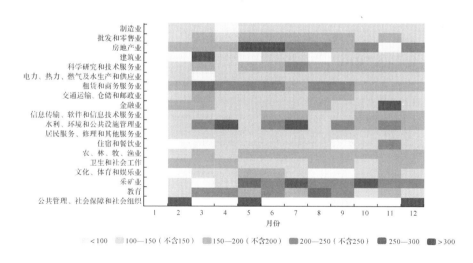

图 2-20　台州小微企业 2021 年对比 2019 年行业月度销售收入恢复情况

2.5 本章总结

本章通过分析 2017—2021 年台州小微企业的微观数据及微观指标变化情况，详细阐述了 2021 年台州小微企业发展现状，进而采用主客观赋权法计算了指标体系综合权重，并根据该综合权重得到 2021 年台州小微企业综合恢复指数。结合数据分析，我们得出以下结论。

就小微企业各指标变化而言：首先，在新冠肺炎疫情期间，批发和零售业企业的注销比例上升、生存周期缩短，但因盲目扩张以致关停的小微企业数量得到了一定的控制；其次，政府部门积极出台帮扶措施，优化营商环境，进一步稳定就业、发展经济，帮助小微企业产业转型升级，为小微企业盈利提供了帮助。

就小微企业恢复状况而言：首先，2021 年台州大部分小微企业的经营状况在近 3 年来呈高位波动，相比 2020 年，第一季度恢复情况最好，远超同期水平。其次，不同行业的销售收入恢复情况与其在 2020 年受新冠肺炎疫情影响的程度有关，如金融业在 2020 年受新冠肺炎疫情影响较小，因此其在 2021 年的销售收入恢复情况不及其他行业。而受新冠肺炎疫情影响较大的文化、体育和娱乐业与住宿和餐饮业在 2021 年第一、第二季度恢复情况最好。相比 2019 年，各行业的销售收入恢复情况较为乐观。最后，由于 2021 年新冠肺炎疫情尚未结束，且受宏观经济下行和外部不确定性的双重打击，我国中小微企业、个体工商户生存和发展仍然面临较大压力。但总体而言，台州小微企业 2021 年整体恢复情况较好，这都得益于各级政府和相关部门的大力支持与台州小微企业自身坚韧不拔、创新求变的优良特质。

台州小微金融发展现状

新冠肺炎疫情的暴发导致了严重的流动性危机，使个体工商户的收入锐减，金融风险明显增大，给台州小微金融造成了巨大冲击。本章通过分析2017—2021年台州小微金融微观数据，阐述了2021年台州小微金融的发展现状，总结了台州小微金融的微观指标变化情况。

3.1 台州小微金融特色

台州市是中国民营经济发祥地，民营经济发达，小微企业众多。截至2021年4月末，全市市场主体累计71.96万家，其中企业有22.80万家，个体户有48.10万家。作为全国唯一拥有3家地方城市商业银行的地级市，20多年来，台州市立足自身独特优势和良好基础，充分发挥有效市场和有为政府的作用，逐步构建起与台州实体经济相匹配的金融服务体系，使得小微金融服务水平领先全国，小微金融服务格局差异多元，小微金融服务模式特色鲜明，创立了具有全国广泛影响的台州小微金融品牌。

第一，小微金融服务方式独特。以3家城商行为代表的台州小微金融服务机构，坚持定位小微群体，以小客户挖掘大市场，做实、做精小微金融，创造性地探寻出了一套适合自身发展、易推广、可复制的小微金融商业发展模式和微贷技术。 如：台州银行"下户调查、眼见为实、自编报表、交叉检验"的十六字信贷调查技术和"三看三不看"的风险识别技术，浙江泰隆商业银行"三三制"服务和"三品三表"的信贷技术，浙江民泰商业银行"看品行、算实账、同商量"九字诀的信用风险防控方法，都有效地提高了信贷风险防控能力和信贷服务效率，且近年来各行利用金融科技赋能传统小微服务模式，极大地提升了服务效率，降低了服务成本。

第二，小微金融服务体系健全。 台州小法人金融机构众多，形成了多元化、多层次、差异化的小微金融服务格局。 辖内各国有、股份制商业银行组建了形式多样、灵活有效的小微企业金融服务专营机构 300 多家；3 家城商行已发展成为小微企业金融服务的专营银行；各农合机构发挥网点优势，助推农村经济和小微企业发展；8 家村镇银行、28 家小额贷款公司和 2 家资金互助社等新型金融组织也专注服务"三农"、个体工商户和小微企业。

第三，小微金融服务立足普惠。 台州银行业金融机构网点布局普遍更接地气，服务重心不断下沉，融资门槛逐年降低，使得小微金融普惠性得到有效体现。 辖内各国有、股份制银行几乎都是系统内小微金融服务试点行；以近百档利率实施差异化利率定价机制，保证担保方式占比超 60％，满足了小微群体差异化的贷款需求。 各金融机构量身定制出多类别、个性化的小微金融产品 200 多个，如台州银行"小本贷款"、泰隆银行"SG 泰融易"、民泰银行"民泰随意行"、台州农信"丰收小额贷款卡"等，金融产品创新走在前列。

第四，小微金融服务理念超前。 台州银行业金融机构坚持客户至上的服务理念，为客户提供高质量的金融服务。 中国工商银行台州分行在全国工行系统率先出台中小企业贷款管理办法，其相关经验被推广至全国。 3 家城商行较早推行客户经理制，客户经理占员工总数 40％左右，将客户经理的服务半径划定在半小时车程以内；在国内率先推出金融夜市，柜面业务实行错时当班弹性工作制，满足了小微企业的服务需求。

3.2 各类金融机构状况

3.2.1 台州金融业增加值保持较快增长速度,保费收入回暖转增

台州已形成以五大国有商业银行为主体,政策性银行、股份制商业银行、邮储银行、城市商业银行、农村中小合作金融机构、新型农村金融组织等并存的多层次金融服务体系,与保险、证券期货机构以及各类大小金融中介共同构建了台州金融服务的大框架。 2021 年,台州金融业增加值保持较快增长,实现增加值 467.94 亿元,同比增长 7.3%,占服务业增加值的 15.92%,占全市生产总值(5786.19 亿元)的 8.09%。①

2021 年,台州辖内有:银行业金融机构 46 家,证券期货机构 130 家,保险业金融机构 57 家,小额贷款公司 26 家,民间融资服务企业 6 家,融资担保公司 32 家,典当行 30 家。 各机构的占比如图 3-1 所示。 其中:银行业金融机构、证券期货机构的数量较 2020 年均增加了 1 家。 保险业金融机构与 2020 年水平相同,全市实现保费收入 218.87 亿元,同比增长 1.94%,稳定增长。 小额贷款公司较 2020 年减少了 3 家,其各类指标在低位徘徊,注册资本金总额约为 30.41 亿元, 同比减少 7.60%;所有者权益总计 35.99 亿元,同比减少 13.33%;融资余额为 0.48 亿元;资产总规模为 38.42 亿元,同比下降 10%;实现营业总收入 2.32 亿元,同比下降 24.23%;上缴税收 0.67 亿元;实现净利润 0.71 亿元。

2021 年,台州全市证券经营机构代理总交易额达 45546.75 亿元,同比增长 1.16%;实现营业收入 11.19 亿元,同比增长 0.96%;利润总额为 4.04 亿元。 全市期货经营机构代理总交易额为 2.96 万亿元,同比增加 27.35%;实现营业收入 4641.46 万元,同比增加 62.64%;利润总额为 -117.26 万元,同比增加 74.60%。 整体而言,由于能耗双控对工业和经济的负面影响及海外

---

① 数据来源于《台州金融动态年报(2021 年度)》。

风险传递叠加国庆节前避险需求，证券二级市场交易活跃度偏低；而期货市场交易品种的增加，以及新冠肺炎疫情影响下大宗商品价值的波动，增加了期货投机机会。[①]

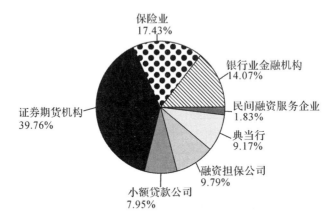

图 3-1　2021 年台州各类金融机构占比

3.2.2　台州银行业存贷款余额继续上升,不良贷款余额稍有下降

台州银行业各项存款余额的分析结果如图 3-2 所示。 2017—2021 年台州银行业各项存款余额逐年递增，增速大于 11％。 2021 年各项存款余额达到 12049.58 亿元，比 2020 年增加 1419.27 亿元，增幅为 13.35％。

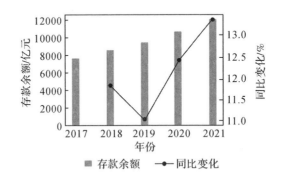

图 3-2　2017—2021 年台州银行业各项存款余额及同比变化

---

①　数据来源于《台州金融动态年报（2021 年度）》。

与各项存款余额相似，2017—2021 年台州银行业各项贷款余额也逐年递增，递增情况如图 3-3 所示。 截至 2021 年末，台州银行业各项贷款余额为 11669.97 亿元，比上年增加 1797.72 亿元，增幅为 18.21％。

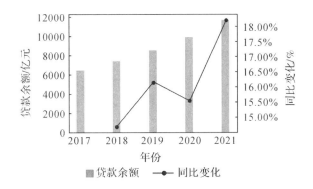

图 3-3　2017—2021 年台州银行业各项贷款余额及同比变化

图 3-4 显示，2021 年台州银行业的不良贷款余额为 61.23 亿元，比 2020 下降 9.01％，这说明银行的资产质量得到了一定程度的优化。 因此，结合存贷款余额、不良贷款余额的变化情况，台州银行业的资产质量较好。

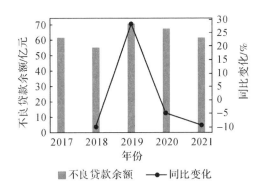

图 3-4　2017—2021 年台州银行业不良贷款余额及同比变化

台州银行业资产质量的优化发展得益于其丰富的融资经验和在供应链融资业务开展方面的优势。 从银行参与信贷业务竞争角度来看，大力发展小微企业融资业务是在银行贷款类业务竞争中胜出的重要方法之一。 各家银行机构不断在小微企业融资业务产品方面推陈出新；与此同时，多家互联网金融机构纷纷加入银行融资市场，推出仅凭网络上的产品交易信息就可申请融资的信贷产品。 这使得银行机构的供应链融资业务竞争愈演愈烈,同时也倒逼银行机构紧跟市场变化,创新发展各种供应链融资业务产品。 从银行信贷资产质量管理来看,供应链融资业务的推出,正好符合银行业强化风险防控、优化信贷资产质量的要求。

以中国农业银行台州分行为例,其属于国有大行,客户基础广,网点多,服务范围覆盖全市所有乡镇。 2020 年,农业银行重修、制订、发布《供应链金融发展指导意见》:一是强化与台州市内上市、准上市银行的合作,建立核心银行名单库,达成核心银行供应链融资合作意向。 二是创新产品,根据以核心银行为中心的供应链上小微企业贷款特色,推出"融 e 贷""链捷贷"等特色供应链融资业务产品。 在产业创新方面,台州农业银行坚持以完善产品功能为主导,巩固其市场地位;逐步实现融资业务产品的系列化、标准化、品牌化,提升整体规模;落实以小微企业需求为导向,以需求为出发点的产品设计思路;充分并持续发挥了跨境产品的优势,提升了产品的创新力。 在客户服务方面,农业银行保持与小微企业法人的密切沟通,为小微企业提供供应链融资业务产品。 在政策优惠方面,农业银行按照普惠金融的要求,对新型农业体、高科技制造业、新型服务业在申请融资业务时给予贷款利率减免政策,减轻其融资负担,扶持产业发展。 综合农业银行供应链融资的差异化竞争战略的实施,其融资业务宏观环境较好,行业前景发展广阔,顺应了台州各银行良好的发展态势。

3.3 不良贷款变化

3.3.1 小微企业不良贷款结构得到优化

根据贷款 5 级分类标准,贷款可以分为正常、关注、次级、可疑、损失 5 类,其中后 3 类即为不良贷款。

2017—2021 年台州小微企业的不良贷款分布情况如图 3-5 所示。 在不良贷款中,次级贷款占 60.70%,可疑贷款占 34.08%,损失贷款占 5.22%,故次级贷款占比最大。

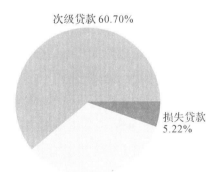

图 3-5 2017—2021 年台州小微企业各类不良贷款占比

2017—2021 年台州小微企业的不良贷款年度占比如图 3-6 所示。 在 2021 年的不良贷款中，次级贷款、可疑贷款、损失贷款分别占 97.27％、2.72％、0。 在 2020 年的不良贷款中，次级贷款、可疑贷款、损失贷款分别占 77.42％、22.3％、0.26％。 对比 2020 年的不良贷款结构，2021 年次级贷款占比上升，可疑贷款占比下降，且 2019 年与 2020 年不良贷款结构相似。 这说明在疫情时期，小微企业的不良贷款结构继续得到优化，损失贷款占比继续得到控制。

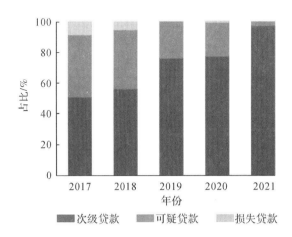

图 3-6 2017—2021 年小微企业各类不良贷款年度占比

3.3.2　小微企业不良贷款余额下降明显

　　2017—2021 年台州小微企业不良贷款数量、不良贷款余额的分析结果如图 3-7、图 3-8 所示。 在不良贷款数量方面，2021 年的不良贷款数量为 110笔，比 2020 年减少了 271 笔，降幅为 71.13%，并达到 2017 年以来的最低水平。 在不良贷款余额方面，2021 年的不良贷款余额比 2020 年大幅减少，并达到 5 年中的最低水平。

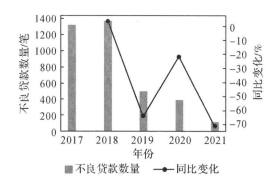

图 3-7　2017—2021 年台州小微企业不良贷款数量及同比变化

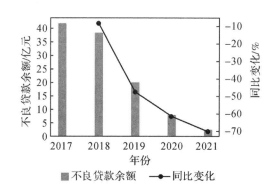

图 3-8　2017—2021 年台州小微企业不良贷款余额及同比变化

　　台州小微企业不良贷款数量和余额的下降与银保监会出台减轻小微企业还贷压力的措施和加强不良贷款风险的控制有关。 在减轻小微企业还贷压力方面，银保监会考虑到新冠肺炎疫情期间绝大部分企业不能按时还款是由于外部因素造成的暂时性经营困难，因而采取了一些阶段性的政策措施(如鼓励银行对企业阶段性地延期还款付息等）。以台州地区为例，中国工商银行玉环分行实行了减轻还款负担的措施，即疫情期间到期贷款可延长15—180天使用期限，宽限期内不认定逾期，不计收罚息，不上报征信；中国建设银行台州分行对受疫情影响还款困难的小微企业及因疫情管控影响还款的小微企业采取了征信保护，综合运用中期流贷、无还本续贷、年审制等方式，帮助小微企业减少还本次数，减轻普惠客户还贷压力。在加强不良贷款的风险控制方面，银保监会强调，在疫情得到一定控制和正常生产经营活动恢复后，小微企业仍不能还本付息的贷款应该计入不良贷款。在政策措施的作用下，台州小微企业的不良贷款余额及数量均有所下降，信贷风险得到控制。

3.4 信贷需求与供给

3.4.1 授信需求下降，信贷供给充足

2017—2021年台州小微企业授信数量的分析结果如图3-9所示。2017—2021年，台州小微企业的授信数量先增后减，具体表现为：2018年小微企业的授信数量达到20万户，增幅为64％，2019年和2020年则维持在这一高水平上；但2021年小微企业的授信数量为16.76万户，降幅为5年中最大值，达20.3％。本报告认为，在新冠肺炎疫情的冲击下，小微企业经营风险较高，授信需求下降。

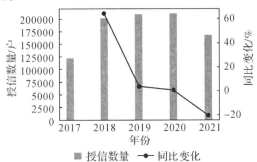

图3-9　2017—2021年台州小微企业授信数量及同比变化

2017—2021 年台州小微企业授信需求的分析结果如图 3-10 所示。 2017—2021 年，台州小微企业授信需求先增后减，具体表现为：2018 年小微企业的授信需求大幅提高，增幅为 279.56％，达到 48525.49 亿元；2019 年则下降40.45％，但仍维持在 28000 亿元以上的较高水平；2020 年和 2019 年相对持平；而 2021 年小微企业的授信需求下降 52.48％，缩水近乎一半，降至13772.35 亿元。 授信需求与授信数量的变化保持一致，再次说明疫情显著地降低了台州小微企业对授信资金的需求。

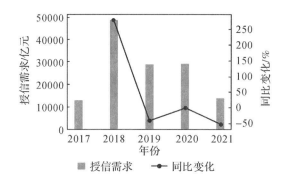

图 3-10　2017—2021 年台州小微企业授信需求及同比变化

在授信供给与信需求方面，分析结果如图 3-11 所示。 2017—2021 年台州小微企业授信额度和已用授信额度走势基本一致。 特别是在疫情时期，授信的超额供给在整体上要高于 2017 年的授信超额供给，这可能与疫情时期台州各银行出台的金融授信政策有关。 自疫情发生以来，绍兴银行、中国建设银行、邮储银行等各自的台州地方银行和农商银行相继响应政府号召，提高授信总额以帮扶小微企业复工复产。

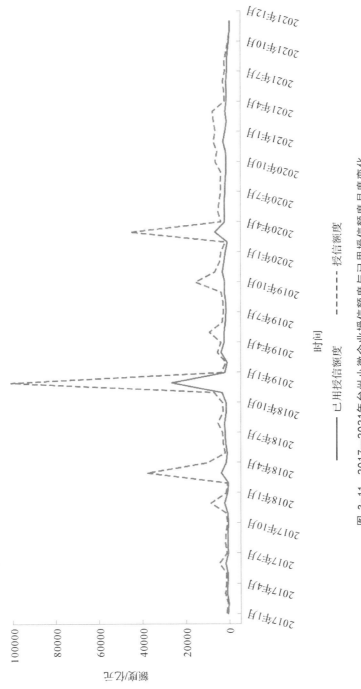

图 3-11 2017—2021年台州小微企业授信额度与已用授信额度月度变化

台州地区的授信机构可以分为大型国有商业银行与政策性银行、全国性股份制商业银行、城市商业银行、农村商业银行、村镇银行及其他银行，其中前 4 类银行发挥了主要作用。如图 3-12 所示，2017—2021 年，大型国有银行一直是台州小微企业已用授信总额的主要提供者。2021 年大型国有银行的已用授信总额占比 48.51％，比 2020 年降低 7 个百分点。自疫情发生以来，在授信方面，大型国有银行是帮扶小微企业的主要力量。

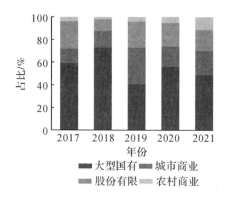

图 3-12 2017—2021 年台州各类银行已用授信总额占比

在已用授信总额的绝对数量方面，分析结果如图 3-13 所示。2021 年各类银行的已用授信总额相对 2020 年均具有较为明显的下降，其中大型国有银行的降幅最大，由 16029 亿元下降至 6640 亿元，约缩水 2/3。这说明，大型国有银行对小微企业的帮扶作用在疫情的冲击下削弱较大。

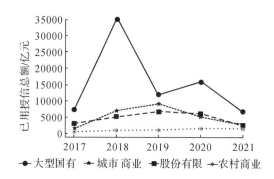

图 3-13 2017—2021 年台州各类银行已用授信总额

3.4.2 农村合作金融机构贷款吸纳户数再次超过城市商业银行

在 2017—2021 年小微企业贷款总户数方面，如图 3-14 所示。2021 年小微企业贷款法人为 47.27 万户，比 2020 年增加 3.81 万户，增加将近 9%，是 5 年中增速次快的年份。就整体而言，自 2017 年以来，台州小微企业贷款总户数保持了较为稳定的增长。5 年来不同类型银行的小微企业贷款总户数如图3-15 所示。截至 2021 年末，农村合作金融机构吸纳的贷款户数达到 19.25 万户，自 2020 年来再次超过城商行吸纳的贷款户数，跃居第一；股份制银行的吸纳户数保持 2017 年以来的平稳变化；国有银行的吸纳户数达到 6.11 万户，比 2020 年增加 0.85 万户，继续保持 2017 年以来的增长趋势；城商行的吸纳户数自 2017 年以来占比一直较高，2021 年达到 16.39 万户，比 2020 年稍有增加。这说明，大型国有银行虽然在授信总额上处于优势地位，但在吸纳户数方面反而不及农村合作金融机构。这是因为相比大型国有银行，农村合作金融机构具有网点多、网点分布广、发展灵活等特点。

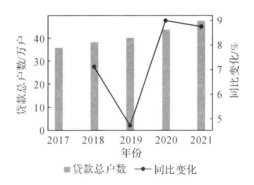

图 3-14　2017—2021 年台州小微企业贷款总户数及同比变化

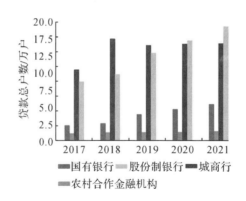

图 3-15　2017—2021 年台州小微企业贷款总户数各类银行分布

　　城市商业银行的贷款户数历年来远远领先于其他类型的银行，主要是得益于其成熟的小微金融业务模式。 以民泰银行为例，其始终以客户为中心、以市场为导向，拥有条线化、专业化、流程化的组织架构，以及责权明确、运行高效、管控到位的工作机制。 首先，民泰银行坚守小微市场差异化定位，一直强调要将服务对象定位于小微企业，立志做"草根银行"，并确立了三大目标——让合适的客户都能借到钱，让客户能更方便地借到钱，让客户能更便宜地借到钱，坚定不移地秉承"四个坚持"——坚持以产品创新降低客户成本，坚持创新还款方式降低客户成本，坚持以提升自身效率降低客户成本，坚持额外零收费降低客户成本，积极承担普惠金融之社会责任。 再次，民泰银行在小微业务拓展过程中，逐步探索形成了根据地模式，并总结出"五个一"等特色做法。 "五个一"指的是重点开发一个村居、一个园区、一个市场、一个行业、一个商会（协会）。 其次，民泰银行具有协同发展的双渠道营销模式，不仅具有合理分布的线下物理网点，还持续开发线上渠道，实现前中后台一体化的业务流程，提高业务办理效率，提升小微金融服务水平。 最后，民泰银行不断创新小微金融产品，例如商惠通、农惠通、随贷通、创汇通等，建立以客户需求为中心、与渠道方合作为基础的全新信用卡产品体系，并持续优化授信业务流程，夯实高效的风险控制体系，体现了社会、银行、企业的多方共赢。

　　股份制银行的吸纳户数保持平稳变化，农村合作金融机构发展迅速。 以浙江三门农商银行和三门银座村镇银行为例。 三门农商银行由辖内农村信用合作联社改制而来,是由辖内农民、农村工商户、企业法人和其他经济组织以及该行职工自愿入股组成的地方性股份制法人机构,是以市场为导向,以服务"三农"和小微企业为宗旨,以发展地方经济为己任的地方性股份制银行。三门银座村镇银行由台州银行主发起设立,秉承了主发起行台州银行简单、方便、快捷的优质金融服务品牌,是一家以市场为导向、以推广小本贷款为抓手、专注于中小企业的金融服务的地方性股份制银行。对比分析2家地方法人机构发现,三门农商银行的营利能力波动较大,三门银座村镇银行则偏向平稳。在营利能力方面,三门农商银行波动较大,这与三门农商银行每季度末的付息额度有关,而三门银座村镇银行则偏向平稳,2家地方法人机构在疫情期间都受到不同程度的影响,其中三门农商银行在疫情前期受影响较大,而三门银座村镇银行则是在后期影响较大,但在复工复产之后2家地方法人机构的经营状况都逐步向好,说明2家地方法人机构都具备未来的可持续发展能力。

3.4.3 小微企业贷款余额持续递增,贷款积极性提高

在小微企业贷款余额方面,分析结果如图3-16所示。2017—2021年台州小微企业贷款余额呈现出明显的递增趋势,平均增速为17.29%。截至2021年末,台州小微企业贷款余额为5259.85亿元,同比增长22.6%,占全部贷款的45.07%,余额值是2017年的1.89倍。这种增长变化与贷款市场报价利率(Loan Prime Rate,LPR)改革、台州地区银行出台相关措施有关。在LPR改革方面,台州地区银行积极响应中国人民银行继续深化LPR改革政策的号召,在深化LPR改革的同时,引导贷款利率继续下行,这有利于提高小微企业的贷款积极性。在相关措施方面,疫情时期,台州地区银行相继出台措施进行贷款的减息降利并利用互联网、大数据技术辅助贷款手续的办理,不断缩短贷款时间,为小微企业贷款提供便利。因此,在疫情时期,台州对小微企业的信贷投放总量仍然持续增长。

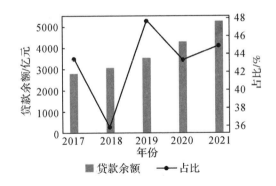

图 3-16　2017—2021 年台州小微企业贷款余额及占比

3.5　本章总结

本章从存贷款余额、不良贷款余额、信贷需求与供给等小微金融相关指标入手,对比分析了 2021 年台州小微金融的发展现状,并得出以下结论。

第一,受疫情影响,小微企业授信需求下降、授信总额下滑,城市商业银行的帮扶效果有所减弱,而农村合作金融机构的小微企业贷款户数跃居第一。

第二,各金融机构积极出台减轻还款负担等政策,从资金帮扶和信用借贷角度助力小微企业复工复产,使得小微企业的贷款余额上升、不良贷款余额下降,保险机构的保费收入回暖转增。 各机构应提升风险敏感度,在资产规模可持续健康扩张的基础上,继续加强对贷款的全流程把控能力,将风险掌握在可控范围内,及时核销不良资产,以防金融风险扩张。

第三,在共同富裕的背景下,各机构应在保证自身可持续发展能力的情况下,贯彻落实绿色、科创金融发展理念,合理利用经营利润来增加注册资本,同时,也应充分关注流动性,定期做好压力测试,开展流动性缺口管理和资金缺口管理,也可以在有监管的情况下发行长期刺激债券来拓宽资产补充渠道。

第四,各金融机构继续紧扣小微企业需求,不断践行金融服务实体的发展理念,进一步发展台州模式。

4 小微金融指数（台州样本）

台州样本的小微金融指数是全国首个小微金融指数，由总指数以及成长指数、服务指数、信用指数 3 个二级指数构成，从多方面反映台州小微金融的运行情况。

4.1 小微金融指数运行情况

小微金融指数（台州样本）是指由台州市人民政府发起、经浙江（台州）小微金融研究院编制的全国首个小微金融指数，于 2016 年 7 月由台州市人民政府、中国经济信息社和中国金融信息中心联合对外发布。台州市政府聘请北京大学、复旦大学、南京大学、浙江大学等著名院校的 10 名专家学者为特约研究员，设立了全国首家专门从事小微金融研究的学术机构——浙江（台州）小微金融研究院，开展关于小微金融运行规律、发展趋势等方向的理论研究与实践总结。小微金融指数（台州样本）基于大数据理念和台州 34 万家小微企业的全样本数据，揭示了小微企业发展运行情况、小微企业金融服务水平和信用状况，并动态监测行业发展趋势，为政府服务企业决策、金融机构精准服务小微企业、监测防范小微企业运行风险提供指导和参考。台州市为促进政学良性互动，充分发挥了小微金融指数的风向标作用。

小微金融指数选择 2014 年 6 月末为指数基期，按月计算、每季发布，基数为 100，将从 60 多万家市场主体中筛选出的 34 万家小微企业作为有效样本。采用大数据理念、全样本分析，按照上述构建框架，研究编制了小微金融指数（台州样本），具体包括总指数和成长指数、服务指数、信用指数（见图 4-1）。

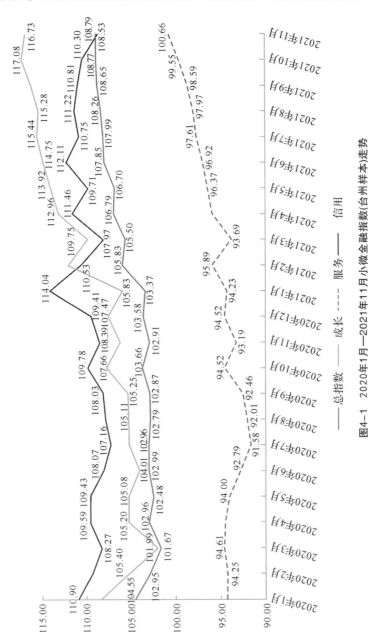

图4-1 2020年1月—2021年11月小微金融指数(台州样本)走势

下面以 2021 年度运行情况为例,分析小微金融指数(台州样本)的主要特征。

4.1.1 总指数运行

如图 4-2 所示,2021 年小微金融总指数整体呈现上升的趋势。 1—6 月为快速上升期,中间伴有微降态势,7—11 月为平稳上升期。

2021 年总指数首次快速爬升出现在第一季度。 2021 年 3 月末,总指数为105.50,较 2020 年 3 月上升 3.82,年度同比增长 3.62%;较 2020 年 12 月上升 1.92,季度环比增长 1.82%。 在此之后,总指数在第二季度又出现了 2 次较大幅度的提高,上升态势强劲,创近年来新高。 2021 年 6 月末,总指数为107.85,较 2020 年 6 月上升 4.85,年度同比增长 4.71%;较 2021 年 3 月上升 2.35,季度环比增长 2.18%。 2021 年下半年,总指数以较慢的速度平稳爬升。 截至 2021 年 11 月末,总指数为108.79,较 2020 年 11 月上升 5.89,年度同比增长 5.72%;较 2021 年 8 月末上升 0.53,季度环比增长 0.49%。最近一年,小微金融总指数整体呈上升态势,且增长速度逐渐放缓,至第四季度已呈现平稳运行态势。

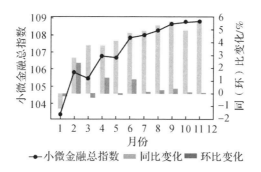

图 4-2 2021 台州小微金融总指数运行情况

4.1.2 成长指数运行

成长指数主要反映了小微企业成长能力、盈利水平和发展潜力。 如图4-3所示,2021 年小微金融成长指数运行情况基本与总指数相同,整体上呈现上升的态势,同时伴有轻微下降。 2021 年第一季度,成长指数在大幅提升后小幅回落，4 月之后开始呈平稳上升态势。 成长指数于 2021 年 3 月末为 109.75，较 2020 年 3 月末提高了 7.76，年度同比增长 7.07%；较 2020 年 12 月末提高了 2.28，季度环比增长 2.08%。 至 2021 年 11 月末，成长指数为 116.73，较 2020 年 11 月末提高 10.68，年度同比增长 10.07%；较 2021 年 8 月末提高 1.46，季度环比增长 1.25%。 最近一年成长指数高位波动上升，但最后一个季度出现微降态势。

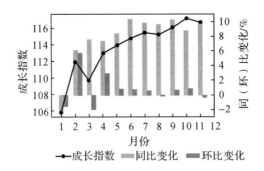

图 4-3   2021 年台州小微金融成长指数运行情况

如图 4-4 所示，2021 年台州小微企业销售收入波动较大。 其中：下滑幅度最大值出现在 3 月，销售收入从 2 月的 1427.82 亿元降至 774.56 亿元，环比下降 45.75%。 由于新冠肺炎疫情对全国经济产生较大冲击，台州小微企业在 2020 年 3 月的销售收入受到极大影响。 因此，尽管 2021 年 3 月销售收入较低，同比仍增长 134.55%。 2021 年 10 月取得了全年最高销售收入，共 1732.44 亿元，同比增长 15.80%。

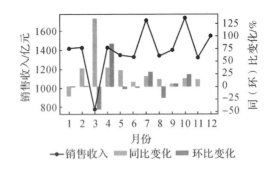

图 4-4   2021 年台州小微企业销售收入

如图 4-5 所示，2021 年台州新增小微企业 121137 家，平均每月新增 10094 家，总量相比 2020 年下跌 20.58%。 由于受新冠肺炎疫情的冲击，2020 年第一季度新增企业数量较少，2 月尤其明显，但 2021 年情况有所好转，第一季度各月同比均上涨。 其中由于春节效应，2 月新增企业数量最低，仅新增 5203 家，但是同比增长幅度较大，骤增 449.42%。 第二、第三季度新增企业呈下降趋势，其中同比下跌幅度最大值出现在 5 月和 6 月，分别下跌 74.7% 和 60.60%。 其原因在于 2020 年 5 月和 6 月国内新冠肺炎疫情有所缓和，防控工作日渐成熟，人民创业信心大增，新增企业数量骤涨。2021 年新增企业数量最大值出现在 10 月，共新增 15055 家企业，同比增长 83.51%。 尽管全年新增企业数量相较 2020 年有所下降，但是这也意味着台州市经济走向常态化。

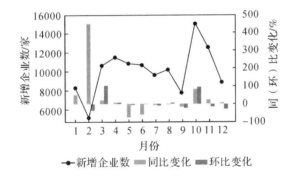

图 4-5 2021 年台州新增小微企业数量

如图 4-6 所示，2021 年台州小微企业注销数量为 18944 家，平均每月注销 1578 家，总量相较 2020 年增长 34.26%。 其中：2 月同比变化最大，全月注销小微企业 859 家，同比增长 560.77%；注销数量峰值出现在 8 月，共注销小微企业 2922 家，同比增长 172.83%；12 月注销小微企业数量最少，仅注销 171 家，同比下降 89.07%。

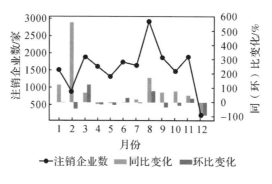

图 4-6　2021 年台州注销小微企业数量

4.1.3　服务指数运行

服务指数主要反映了小微企业金融需求和金融机构服务水平。 如图 4-7 所示，虽然 2021 年服务指数在整体上呈现上升的态势，但与总指数和成长指数的运行状态有所不同。 服务指数在 2021 年 2 月小幅上升后，于 3 月下降至全年最低水平。 2021 年 3 月末服务指数为 93.69，较 2020 年 3 月末下降 0.93，年度同比下降 0.99％；较 2020 年 12 月末下降 0.83，季度环比下降 0.89％。 但在随后的 4—11 月服务指数持续猛增，直至年末，增长趋势不但没有放缓，反而呈现出增长幅度变大的态势。 2021 年 11 月末，服务指数为 100.66，较 2020 年 11 月末上升了 7.47，年度同比增长 8.01％；较 2021 年 8 月末上升 2.69，季度环比增长 2.68％。 最近一年服务指数持续爬升，第四季度保持增长态势，并已经越过指数基准线 100。

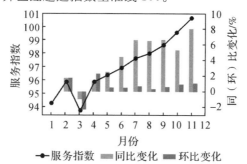

图 4-7　2021 年台州小微金融服务指数运行情况

授信额度与已用授信额度是服务指数的重要指标，体现了台州市金融机构对小微企业授信的服务水平。 如图4-8所示，2021年台州小微企业授信额度与已用授信额度走势基本一致，均呈下降趋势。 其中：第一季度的授信额度远大于已用授信额度，企业授信的资金利用率极低，金融机构的供给超过了企业的实际需求。 4月授信额度大幅下降，从6月开始呈逐渐下降的趋势。 至2021年12月，授信额度和已用授信额度分别降至19.842亿元和10.237亿元，分别同比下降99.73%和99.66%。

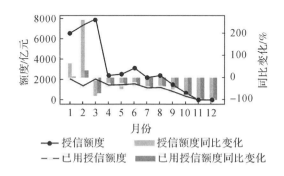

图4-8 2021年台州小微企业已用授信额度与授信额度情况

如图4-9所示，除农村合作金融机构外，2021年台州全辖区各类金融机构利率在年底相较年初均有所下降。 作为国民经济和社会发展的主力军，中小企业在促进增长、保障就业、改善民生等方面发挥着重要作用。 然而，受原材料价格上涨、订单不足、用工难、用工贵以及新冠肺炎疫情散发、部分地区停电限电等影响，当前中小企业的成本压力加大，经营困难加剧。 为此，2021年11月，国务院办公厅印发了《关于进一步加大对中小企业纾困帮扶力度的通知》（下文简称《通知》）。 《通知》从9个方面提出政策措施，其中明确提出要加大纾困资金支持力度。 台州积极响应国家号召，扎实推动该通知落地见效。 2021年12月，全辖合计加权平均利率为6.01%，相比11月下降了0.27个百分点。 民间借贷利率波动较大，全年最高利率与最低利率相差0.82个百分点。

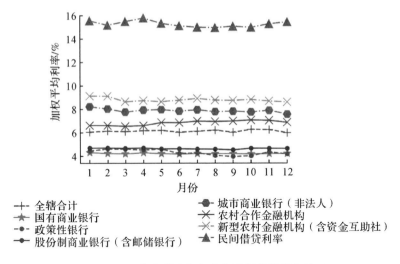

图例：
- 全辖合计
- 国有商业银行
- 政策性银行
- 股份制商业银行（含邮储银行）
- 城市商业银行（非法人）
- 农村合作金融机构
- 新型农村金融机构（含资金互助社）
- 民间借贷利率

图 4-9　2021 年台州市银行业与民间借贷利率情况

4.1.4　信用指数运行

信用指数主要反映了小微企业信用、企业税收和社保缴纳状况。 如图 4-10 所示，2021 年信用指数的发展趋势与总指数、成长指数和服务指数不同，整体呈现波动下降的态势。 年初呈现高位开局后持续下降，第一季度末信用指数下降至全年最低水平。 信用指数在 2021 年 3 月末为 107.97，较 2020 年 3 月末下降 0.30，年度同比下降 0.28％；较 2020 年 12 月末下降 1.44，季度环比下降 1.33％。 在 4—7 月的波动后，信用指数在 8—11 月开始呈现持续下降的趋势，并且下降速度在不断加快。 2021 年 11 月末，信用指数为 108.53，较 2020 年 11 月末上升 0.14，年度同比上升 0.13％；较 2021 年 8 月末下降 2.69，季度环比下降 2.48％。 最近一年信用指数尽管还处于高位，但已经出现下降趋势。

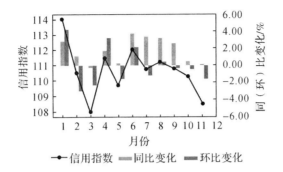

图 4-10 2021 年台州小微金融信用指数运行情况

如图 4-11 所示，2021 年台州小微企业不良贷款额度与不良贷款率均呈现先下降后上升的态势。 2021 年 1—9 月，不良贷款额度与不良贷款率波动下降。 至 10 月，不良贷款额度与不良贷款率均降至全年最低水平：不良贷款额度为 5.56 亿元，不良贷款率为 0.23％。 随后在 11 月和 12 月，不良贷款额度与不良贷款率均有轻微回弹。 至 2021 年 12 月，不良贷款额度为 6.49 亿元，不良贷款率为 0.26％。 就整体而言，2021 年台州小微企业不良贷款额度和不良贷款率有所下降。

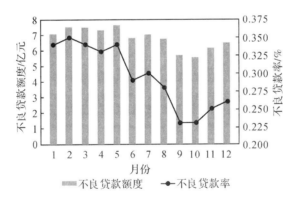

图 4-11 2021 年台州小微企业不良贷款情况

2021 年，台州小微企业逾期余额相较 2020 年大幅度下降。 春节前后(即 2 月)逾期余额下降幅度最大，同比下降了 47.8％，环比下降了 30.8％。 春节过后，逾期余额逐步降低，10 月下降至全年最低水平——12.6 亿元，较 2020 年 10 月同比下降了 61.8％，随后趋势转为平缓。 由于受新冠肺炎疫情的冲击，2020 年逾期余额较高。尽管情况在 2020 年下半年有所好转，但直至 2020 年末，逾期余额相比新冠肺炎疫情前仍处于较高水平。在 2021 年第一季度，逾期余额才发生大转折，骤降至稍低于新冠肺炎疫情前的水平。经过 2021 年一年的不懈努力后，台州小微企业的逾期余额已经大大降低，从侧面反映了小微企业的繁荣发展。

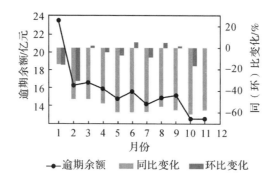

图 4-12 2021 年台州小微企业逾期余额情况

4.2 新冠肺炎疫情暴发前后小微金融指数对比

受新冠肺炎疫情影响，2020 年台州小微金融指数均存在不同程度的下降。如今距离疫情首次暴发已经过去了 2 年，全国各地的经济逐渐适应了疫情间歇性暴发的节奏。本部分将通过对比 2021 年与 2019 年小微金融指数来研究其是否已经回到甚至超越疫情前(特指 2019 年)的水平。

4.2.1 总指数对比

2018 年 12 月—2021 年 11 月台州小微金融总指数运行情况如图 4-13 所示，2021 与 2019 年同期对比情况如图 4-14 所示。可见 2021 年总指数相比 2019 年同期，除 1 月外，均为正增长。2021 年 1 月小微金融总指数为 103.37，比 2019 年同期下降了 2.18%，下降幅度全年最高。从 2021 年 2 月开始，总指数相比 2019 年同期水平开始呈正增长。2021 年 2 月总指数为

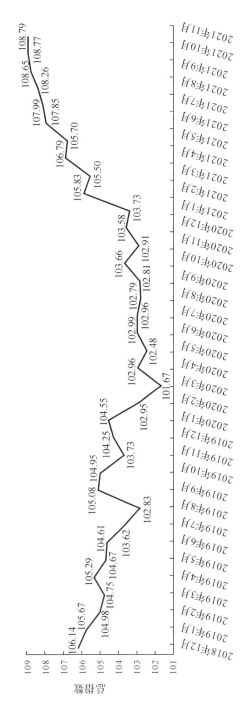

图4-13 2018年12月—2021年11月台州小微金融总指数运行变化

105.83，比 2019 年同期水平上升了 0.81%。 至 2021 年 8 月，总指数上升至
108.26，与 2019 年同期相比，增长了 5.28%，处于全年最高水平。 8 月过
后，9 月和 10 月总指数与 2019 年同期相比的增长幅度有所下降，分别上升了
3.40% 和 3.64%。 2021 年 11 月总指数为 108.79，与 2019 年同期相比，上升
了 4.88%。 由此看来，总指数已经从疫情的影响中慢慢恢复至正常水平，并
回到稳步增长的正轨。

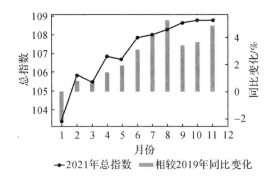

图 4-14 2021 年台州小微金融总指数与 2019 年同期对比情况

4.2.2 成长指数对比

2018 年 12 月—2021 年 11 月台州小微金融成长指数运行情况如图 4-15 所
示，与 2019 年同期对比情况如图 4-16 所示。 与总指数情况相似，2021 年 1—
11 月成长指数与 2019 年同期相比均为正增长。 1 月成长指数为 105.83，相
较 2019 年同比增长幅度居全年最低，仅增长 0.24%。 随后 2021 年 2—8 月，
成长指数总体呈上升趋势，与 2019 年同期水平相比，其增长幅度也不断增
大。 2 月成长指数为 111.93，相较 2019 年同比增长 5.83%。 至 2021 年 8
月，成长指数升高至 115.28，相较 2019 年同比增长 13.98%，增长幅度居全
年最高。 在此之后，与 2019 年同期相比，增长幅度有所减小，在 9 月、10
月、11 月分别增长 8.43%、6.03%、8.23%。 由此可见，成长指数的恢复情
况较好，不仅恢复到原先的水平，而且正以较快的速度在提升。

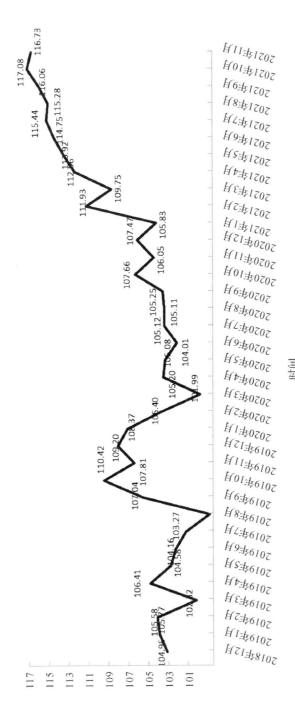

图4-15　2018年12月—2021年11月台州小微金融成长指数运行情况

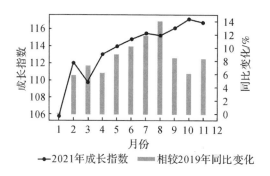

图 4-16　2021 年台州小微金融成长指数与 2019 年同期对比情况

4.2.3　服务指数对比

2018 年 12 月至 2021 年 11 月台州小微金融服务指数运行情况如图 4-17 所示，与 2019 年同期对比情况如图 4-18 所示。从图中可大致看出服务指数在第一季度仍低于 2019 年同期水平，随后逐渐转变为正增长，并且呈现出幅度不断增大的趋势。2021 年 1 月，服务指数为 94.23，与 2019 年同期相比下降 1.89%。2021 年 3 月，服务指数出现小幅下跌，下跌至 93.69，与 2019 年相比，下降幅度处于 2021 年最高水平，下降 4.50%。随后 5—11 月，服务指数不断提升，与 2019 年相比的增长幅度也不断增长。5 月服务指数为 96.37，比 2019 年同期增长 0.15%；11 月服务指数上升至 100.66，首次突破基准线 100，比 2019 年同期增长 6.43%，上升幅度处于 2021 年最高水平。总而言之，尽管服务指数的恢复情况滞后总指数与成长指数约 3 个月，但随着时间的推移，服务指数与总指数和成长指数一并恢复至疫情前水平，并呈现出不断增长的趋势。

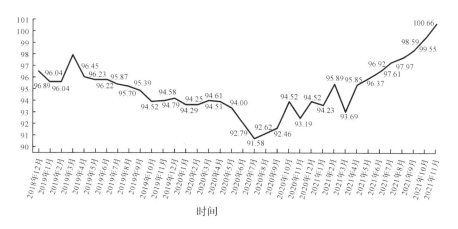

图 4-17　2018 年 12 月—2021 年 11 月台州小微金融服务指数运行情况

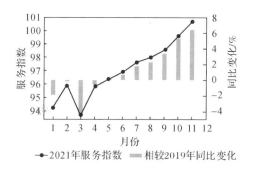

图 4-18　2021 年台州小微金融服务指数与 2019 年同期对比情况

4.2.4　信用指数对比

　　2018 年 12 月至 2021 年 11 月台州小微金融信用指数运行情况如图 4-19 所示，与 2019 年同期对比情况如图 4-20 所示。从图中可以很明显地看出，信用指数的发展情况与总指数、成长指数和服务指数截然不同。2021 年信用指数相比疫情前同期水平，只有在 1 月出现了正增长，并且幅度较小。2021 年 1 月的信用指数为 114.04，相较 2019 年同比上涨 0.25%。随后 3 月出现了全年的最大跌幅：3 月信用指数为 107.97，比 2019 年同期下降 5.18%。4—9 月之间与 2019 年相比同比下降趋势在 1%—3% 之间。在 2021 年第四季度，信用指数相较 2019 年的同比下降幅度有所减小，最大跌幅不超过

0.2%。从与疫情前同期对比下降幅度逐渐减小的趋势看，信用指数正在恢复，并有望在未来一年中得到更好的发展。

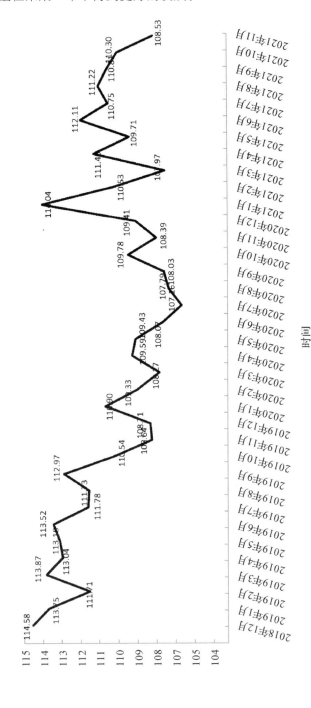

图4-19 2018年12月—2021年11月台州小微金融信用指数运行情况

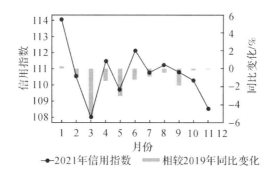

图 4-20　2021 年台州小微金融信用指数与 2019 年同期对比情况

4.3　本章总结

本章介绍了小微金融指数(台州样本)2021 年的运行情况,并将其与疫情暴发第一年(2020 年)和疫情前(2019 年)的指数进行对比分析,得出如下重要结论。

第一,随着新冠肺炎疫情进入第二年,全国防控工作日渐成熟,经济社会活动也回到正轨,经济走向常态化。 2021 年台州小微金融总指数上升趋势较好,第一季度上升最为迅猛,随后趋势逐渐放缓。 成长指数和服务指数的情况与总指数相似,均呈上升态势,同比上升幅度较大,且服务指数在年末出现近年来首次突破基准线的情况。 而信用指数情况却截然不同,呈波动下降趋势,但相比上年并无大幅下降。

第二,在成长指数方面,2021 年台州新增小微企业数量与 2020 年相比有较大变化。 其中:2 月同比上涨 4 倍多,但 5 月、6 月相比 2020 年同期大幅度下跌。 这意味着,新增小微企业数量逐渐回到了与疫情前相同的情况。

第三,在服务指数方面,2021 年台州市银行业控制利率效果良好,在国务院印发的《通知》的影响下,11 月和 12 月全辖合计利率有明显下降,小微企业融资压力得以减轻。

第四，在信用指数方面，2021 年台州小微企业不良贷款率和逾期余额均呈现下降态势，其中：逾期余额下降尤为明显，同比下降幅度多在 40％—60％。 可见，该指标发展趋势较好，金融风险总体可控。

金融科技与风险防控

2015 年 12 月 2 日,浙江省台州市被确立为小微金改创新试验区。 2021 年 12 月 16 日,2021 中国普惠金融国际论坛在台州召开,而且台州小微金改经过 6 个年头的发展,正从试验区向示范区不断迈进。 多年以来,台州在实践中不断探索小微金改的新路、巧路,在数字普惠金融、金融科技以及风险防控等方面都取得了新的成果。 台州法人银行紧紧围绕核心商业模式,积极引入金融科技手段,通过传统技术与数字化转型的结合、风险防控手段的积极落实,使得小微金改的亮点更亮、特色更鲜明,渐渐打造出了新时代的小微金融品牌(见图 5-1)。

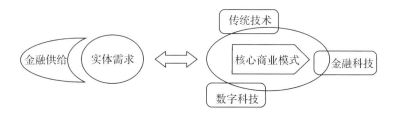

图 5-1　台州小微金改模式

5.1 金融科技

金融科技是以大数据、区块链、云计算、人工智能以及移动互联网为引领，利用各类科技手段，创新传统金融行业的产品与服务，由新兴前沿技术带动，可对金融市场以及金融服务业务供给产生重大影响的新业务模式、新技术应用、新产品服务等，可以大大提升效率并有效降低运营成本。在各类新兴技术高速发展的背景下，金融科技也得到了很快的发展，不仅在普惠民生百姓、维护金融安全、提升金融机构生产效率等方面发挥重要作用，还被积极地应用于解决各种金融问题，尤其是为针对小微企业的金融服务提供了更多的解决方案与思路。

5.1.1 金融科技从"立柱架梁"全面迈入"积厚成势"新阶段

科技立则民族立，科技强则国家强，科技创新对我国经济发展有着重要意义。一方面，受新冠肺炎疫情影响，我国经济增速放缓，依靠要素投入、外需拉动、规模扩张的传统经济增长模式难以为继，迫切需要转变发展方式。另一方面，当前世界正处于百年未有之大变局，国际贸易形势复杂，以美国为首的西方发达国家不断出台政策措施，通过限制核心技术和产品出口来制约我国发展，因此只有坚持科技创新才能保持国家竞争力，最终实现赶超式发展。金融作为经济的血脉，能够融合技术、人才、设备等创新要素，并为科技研发提供资金支持。从全球视野来看，科技型企业的融资一直由市场力量主导，与风险投资息息相关，金融支持科技创新的命题历久弥新。[1]

我国一直以来都高度重视金融科技发展工作。早在 2017 年 5 月，中国人民银行就成立了金融科技发展委员会；2019 年 8 月，中国人民银行印发了《金融科技（FinTech）发展规划（2019—2021 年）》。表 5-1 整理了强化金融科

---

[1] 方匡南：《高水平科技创新需要强化金融支持》，https://news.10jqka.com.cn/20220314/c637436382.shtml。

技合理应用的若干内容。

表 5-1　中国强化金融科技合理应用的重点

重点内容	应用重点
科学规划运用大数据	加快完善数据治理机制,充分释放大数据的核心价值;打通金融业数据融合应用通道,化解信息孤岛;强化金融与各行业的数据资源融合应用,实现数据资源的有效整合与深度利用
合理布局云计算	统筹规划云计算在金融领域的应用,构建集中式与分布式协调发展的信息基础设施架构;加快云计算金融应用规范落地实施,提升金融服务质量;强化云计算安全技术研究与应用,确保金融领域云服务安全可控
稳步应用人工智能	深入把握新一代人工智能发展的特点,稳妥推动人工智能技术与金融业务深度融合;探索相对成熟的人工智能技术的应用路径和方法
分布式数据库研发应用	做好分布式数据库金融应用的长期规划,妥善解决分布式数据库产品的问题;探索产用联合新模式,发挥科技公司的技术与创新能力
健全网络身份认证体系	构建适应互联网时代的移动终端可信环境,提升金融服务的可得性、满意度与安全水平;综合运用数字签名技术、共识机制等手段,提升金融交易信息的真实性、保密性和完整性;积极探索新兴技术在优化金融交易可信环境方面的应用,稳妥推进分布式账本等技术验证试点和研发运用

该发展规划指出,金融科技是由技术驱动的金融创新,到 2021 年,中国要建立健全金融科技发展的"四梁八柱",要赋能金融服务提质增效,进一步增强金融业科技应用能力,实现金融与科技深度融合、协调发展;要提升金融服务质量与效率,运用金融科技增强金融风险防范能力,明显提高人民群众对数字化、网络化、智能化金融产品和服务的满意度;要推动我国金融科技发展居于国际领先水平,实现金融科技应用先进可控、金融服务能力稳步增强、金融风控水平明显提高、金融监管效能持续提升、金融科技支撑不断完善、金融科技产业繁荣发展。在当前背景下,金融的科技化是基本趋势,这也将使金融市场中收集和分析数据变得更加容易,更大限度地减少信息不对称,这不仅对发展民生普惠、扶持小微企业有重要意义,而且对国家的金融安全也有着关键的作用。

(1)政策引导发展,试点展现风采

金融科技是发展金融服务的现代化手段和方法。利用好金融科技,有助于不断提供解决小微企业困难的新思路,同时也有助于帮助金融机构持续提升产品与服务的质量。我国不断发布金融科技产业支持政策与金融科技建设的顶层文件,为金融科技发展保驾护航、掌灯指路。表 5-2 整理了截至 2021 年 5 月我国发布的金融科技产业支持政策或文件。

表 5-2　截至 2021 年 5 月中国金融科技产业支持政策汇总①

时间	政策/文件	重点内容
2021 年 4 月	《关于加强现代农业科技金融服务创新支撑乡村振兴战略实施的意见》	充分发挥科技系统和农行系统优势,打造"科技—产业—金融"的合作通道,发挥"科技＋金融"双轮驱动的作用
2021 年 4 月	《2021 年进一步推动小微企业金融服务高质量发展的通知》	在依法合规、风险可控的基础上,充分运用大数据、区块链、人工智能等金融科技,在农业、制造业、批发零售业、物流业等重点领域搭建供应链、产业链金融平台,从而提供方便快捷的线上融资服务
2021 年 3 月	《关于深入扎实做好过渡期脱贫人口小额信贷工作的通知》	鼓励银行机构基于脱贫人口生产经营数据,在保障用户隐私和数据安全的前提下,依法合规地通过互联网、大数据等金融科技手段开发授信模型,推动开展供应链、批量授信、快速审批等信贷新模式,开展高效便捷的金融服务
2021 年 3 月	《关于落实〈政府工作报告〉重点工作分工的意见》	强化金融控股公司和金融科技监管,确保金融创新在审慎监管的前提下进行
2020 年 11 月	《中共中央关于制定国民经济和社会发展第十四个五年规划和二〇三五年远景目标的建议》	构建金融有效支持实体经济的机制体制,提升金融科技水平,增强金融普惠性

2021 年 6 月 30 日,中国人民银行印发了《关于深入开展中小微企业金融服务能力提升工程的通知》(下文简称《工程通知》)。《工程通知》指出,要充分运用科技手段赋能中小微企业金融服务,鼓励银行业金融机构通过大

---

① 《2021 金融科技重点试点城市政策汇总》,http://www.financetown.com.cn/arc/14-1959.html。

数据、云计算、区块链等金融科技手段，提高贷款效率，创新风险评估方式，拓宽金融客户覆盖面。 大中型银行业金融机构要依托金融科技手段，加快数字化转型，打造线上线下、全流程的中小微金融产品体系，满足中小微企业信贷、支付结算、理财等综合金融服务需求。 地方法人银行业金融机构要坚守"支小支农"的市场定位，借助信息技术手段优化信贷业务流程，鼓励开发线上产品，提升中小微企业金融服务便利度。 《工程通知》还指出，要创新特色信贷产品，各银行业金融机构要针对中小微企业融资需求和特点，持续改进和丰富信贷产品，并且鼓励银行业金融机构与地方征信平台、融资服务平台、第三方征信机构合作，运用税务、工商等非信贷信息以及在本银行交易结算等信息，综合评价中小微企业信用水平，提高信用贷款发放比例。

2019 年 10 月 12 日，中国人民银行等 6 部委联合印发的《关于开展金融科技应用试点工作的批复》中批复了浙江省开展为期 1 年的金融科技应用试点工作，给出了浙江省要提升公共服务与社会治理水平，为新技术应用提供实践基础和经验借鉴的工作目标，并指出了试点工作的主要任务（一是提升信息技术安全应用水平，推动金融与科技深度融合；二是推动金融与民生服务系统互联互通，提高公共服务质量；三是促进数据资源融合应用，增强金融惠民服务能力；四是加强监管科技应用，提升金融风险技防能力），也强调了试点工作的保障措施（加强组织领导、落实扶持政策、推进督查评估、营造良好氛围）。 为保证试点工作的有序进行，中国人民银行杭州中心支行等 7 部委联合印发了《浙江省金融科技应用试点工作实施方案》。 该方案为此次试点工作指明了方向，确立了工作目标，规定了重点任务，有助于深入推进全省金融业高质量发展，为数字技术发挥在提高金融产品与服务方面的作用提供实践经验与基础，为发展普惠金融、提高风控能力树立榜样。

（2）增厚金融科技底色，深化台州模式影响

不仅是我国，而且从全球来看，小微企业在金融服务中所面临的问题都很严重，主要表现在数据与实际应用的融合规范上，如：银行企业信息不对称，双方存在交流障碍甚至是鸿沟，缺乏必要数据，等等，导致了先进的技术手段难有施展的余地。 同时，中小银行在金融科技方面投入不足，开发线上特色金融产品能力弱，提供的金融服务较为单一，很难满足小微企业的需求，

这也大大制约了对小微企业的信用评价与信贷支持。

面对小微企业由融资困难而产生的现金流不稳定、流动资金存在缺口、经营受阻和企业资金链紧张等一系列负面影响，作为小微企业发展名片城市和全国小微金改创新试验区的台州给出了自己的做法①。

一是大力发展科技金融。支持银行保险机构设立用于发展金融科技的专业机构，落实科技支行、专营机构监管评价的管理办法。制定金融与创新相对接的行动方案，继续扩大科技型企业融资覆盖面，保持知识产权质押融资全省领先的地位。推动建立科技企业信贷识别标准，组织开展科技企业信用评级试点，搭建金融支持创新发展服务联盟，通过支持信用融资、投贷联动等方式，使得金融充分进入科技企业。

二是深入建设数字征信体系，破解银企信息不对称问题。持续推动金融服务信用信息共享平台建设，与省级金融数字平台对接。开展小微企业信用贷款评级试点工作，探索"信用评级＋银行信贷"的小微企业增信获贷新模式。

三是上线数智金融平台。根据数智金融平台建设方案，做好平台创建工作。整合各种涉金融类服务平台，升级、丰富平台功能，构建数智化区域金融运行体系，实现共建共管、共享共用，为企业、银行、政府等主体提供服务和决策。

四是不断探索科技和绿色金融创新。探索股债贷保担联动融资机制，设立小微金融创新引导基金，建立科创型中小企业投贷联动风险分担机制。争取上级支持发行科创型中小企业可转债，并在现有银行间债券市场设立台州"小微板"，探索发行中小微企业集合债、中小企业科技创新保险产品，积极引导科技、绿色特色支行和产品发展。

---

① 《台州市金融办关于市政协五届五次会议第 2021055 号提案答复的函》，http://www.zjtz.gov.cn/art/2021/7/23/art_1229453653_3723743.html。

5.1.2 台州金融科技成果

（1）打破数据孤岛，银企连成一家

在中小微企业获取资金的道路上，信用是不可或缺的通行证。但是由于各方面的原因，各个部门之间自成一座座"孤岛"，相互之间数据的获取存在诸多障碍与不便。伴随着大数据时代的来临以及互联网金融技术的日益成熟，中国人民银行台州市中心支行不断优化金融生态，牵头搭建并逐步深化形成了银企服务一体化的台州数字金融服务平台，为小微企业开辟了融资绿色通道。平台包含金融服务信用信息共享和"融资通"融资对接两大平台，在缓解小微企业融资难、提升金融服务质效等方面发挥了重要作用，形成了全国领先且颇具影响力的小微企业征信服务台州模式。一方面，平台将各个信息"孤岛"联通起来，汇集4.06亿条信用信息，实现对全市69万多家市场主体信用建档的全覆盖。另一方面，信用信息共享平台的搭建也让企业成为"透明人"，银行可以方便快捷地获取企业的信用信息，极大提高了信贷的效率。①

如今，该平台还作为浙江省首批创新试点单位和全国唯一上链的地方政府性平台，被纳入长三角征信链试点，实现了更大范围、更深层次的共享，为辖内银行"走出去"和市外资金"引进来"提供了极大便利。

案例一：台州市金融服务信用信息共享平台②

长期以来，融资难、融资贵的问题束缚着中小微企业的良性发展，其背后的深层问题便是银企信息不对称。台州首创金融服务信用信息共享平台，构建数字化征信体系，破解银企信息不对称难题。此平台有效汇集了约4亿条信用信息，免费提供银行使用，使贷前调查成本从户均20小时、400元左右降低为零，被央行称为小微征信服务的台州模式。

---

① 《人民银行台州市中心支行负责人回应群众关切》，http://www.zjtz.gov.cn/art/2020/11/12/art_1229198167_59031180.html。

② 郭天宇：《从"试验区"迈向"示范区"——小微金改的"台州经验"》，《台州日报》2022年2月13日，第1版。

浙江双眼井酒业有限公司是一家专业从事酒类生产制造的小微企业。近年来,订单逐步增多,企业亟待补充流动资金。当得知企业有融资需求时,浙江泰隆商业银行通过台州市金融服务信用信息共享平台查询后,主动上门提供融资服务。该企业因经营效益较好,仅2天就收到了200万元的流动贷款资金,年利率低至4.35%。

"真是解决了资金周转的燃眉之急。"企业主说。平台打破信息壁垒,通过信息共享实现智能化、线上化的贷款调查,助力银行提升小微金融服务,为无数小微企业打开了便捷融资之门。

2020年9月,台州市金融服务信用信息共享平台作为浙江省首批创新试点单位和全国唯一上链的地方政府性平台,被纳入长三角征信链试点,台州23万多家小微企业信用信息上链,实现了在长三角更大范围内的数据共享。

(2)线上产品助力小微金融

一般情况下,由于传统金融机构申请贷款服务的局限性,许多小微企业在传统金融机构的征信体系中常常属于高风险对象,获取资金十分困难。 为了能够更合理地评估小微企业的信用等级,台州市部分银行与企业相继推出一些线上产品。 这些产品利用大数据在信息收集、整合、预处理、储存、传输等方面的优势,将分散于众多区域和平台的小微企业信贷数据整合起来,在降低信息采集成本和数据处理成本的同时,结合小微企业账户、资产、交易、历史信贷数据信息以及大量非经营类信息,还原小微企业的真实经营状况,利用数字经济活动轨迹对小微企业进行风险评估。

2021年初,浙江省市场监管局与央行杭州中心支行联合推出"贷款码",台州市场监管局、中国人民银行台州市中心支行积极开展工作,助力"贷款码"推行普及,为小微企业构建了融资的绿色便捷通道。 操作"贷款码"的流程方便快捷,申请贷款只要3步:"扫一扫"填写基本信息与贷款需求,"点一点"选择意向银行,"关注一下"直接获取进度反馈。

案例二:数字赋能,为小微企业信用加力[1]

"这个'贷款码'真方便,在我们小微企业和银行间搭建了一座桥梁。"日前,在收到三门农商银行发放的 100 万元流动资金贷款后,台州婕依服饰有限公司负责人彭琪群高兴地说。

婕依服饰是一家从事服装批发销售的小微企业,产品主要销往国内各大培训机构以及蓝城等上市公司。2021 年 1 月,该公司签订了一份价值 350 多万元的服装面料采购合同,一时间资金周转不足。正当彭琪群为这笔资金犯愁时,看到三门农商银行客户经理的朋友圈在宣传贷款码"一扫码上贷",抱着试试看的心态,就随手扫码申请了。当天,在系统后台接收到分发清单后,三门农商银行花桥支行客户经理第一时间与该公司对接,并向支行行长汇报。在了解相关情况后,该行随即发放了 100 万元的流动资金贷款。

彭琪群能这么快申请到贷款,得益于"贷款码"在三门的上线。"贷款码"通过线上搭建该县市场主体融资绿色通道,实现了小微企业和个体工商户的"码上融资",推动小微金融服务扩面、提质、增效,更好地服务小微企业和民营经济高质量发展。

(3)小微金改实验室发力,打造掌上办贷体验区

自温州银行台州分行设立"小微金改实验室"以来,该银行积极参与浙江"重要窗口"建设,持续激发台州国家级小微金改创新试验区的创新活力,不断发挥小微金融服务的领先优势,丰富台州模式内涵,培育金融产品、服务和机制创新,持续提升民营和小微企业的获得感、安全感和满意度。 "小微金改实验室"的定位是全市各银行保险机构金融创新的孵化培育和联动运行平台,由各银行保险机构承担实验室运行主体的责任和主要任务:负责提出项目内容,组建项目团队,配置项目资源,推进项目实施。 温州银行台州分行"小微金改实验室"在台州银保监分局的监督和指导下,于 2020 年 10 月正式投入运营。 确定以"掌上办贷平台线下体验区"为主要项目内容,组建了由 20 余人参与的掌上办贷"平台"宣传服务小组,在开展相关培训后,由服务

---

[1] 陈玲玲、章海英:《三门:"贷款码"搭建银企"对话"桥梁》,《台州日报》2021 年 5 月 7 日,第 2 版。

小组指导客户在"掌上办贷"平台申请相关贷款业务操作,为广大消费者提供身临其境的金融服务。①

2020 年,"小微金改实验室"确定的创新方向主要包括金融党建、普惠金融、科技金融、绿色金融、数字化金融、乡村振兴等 14 个方面。 据台州银保监分局负责人介绍,通过前期摸底和筹备,在全市 100 家银行保险机构自主申报的基础上,目前已完成筛选并确定了 44 家银行保险机构的 62 个项目作为首批"小微金改实验室"项目。②

随着金融科技的发展,传统银行也在进行数字化转型,对金融科技的发展日益重视,大多数银行都将其作为发展重点与转型方向,多家银行与互联网公司开展了业务合作。 互联网公司为传统银行提供高效率、低成本的基础设施,通过技术创新帮助银行机构不断提高交易效率、降低成本,进而在此基础上提升风险管理能力和资产配置能力。 传统银行与金融科技的结合,突出线上线下融合发展,把传统的财务模型和大数据模型结合在一起。

案例三:实验室成果——建设银行台州分行基于数据应用的信用贷款③

传统的普惠金融服务之所以量小、面不广,主要是因为持续受到客户维护和管理成本高、风险压力大、商业模式不可持续的阻碍。建行通过金融科技赋能,将数据作为资产经营,充分发挥科技和数据的优势,整合了内部海量的对公、对私客户数据,接入工商、税务、电力、司法、央行征信等外部数据,依托新一代数据技术实现多维度内外数据互联互通,对小微企业进行信息和数据的交叉验证,将企业的实际经营状况转变为可量化的数据,通过数据挖掘重构信用体系,从以财务指标为核心的信用评级,转向以交易记录等大数据分析为核心的履约能力判断。通过收集分析小微企业及企业主金融

---

① 《"小微金改实验室"落地初显成效》,http://jrb.zjtz.gov.cn/art/2021/2/20/art_1229039053_58925230.html。

② 《浙江台州"小微金改实验室"启动 62 个项目即将运行》,http://www.zj.chinanews.com.cn/jzkzj/2020-09-01/detail-ifzzpnua3714112.shtml。

③ 《台州市银行业保险业小微金改实验室项目成果汇编》,http://www.yunzhan365.com/96024620.html。

资产、房贷、账户结算、POS 交易、纳税金额等各类真实、客观、可得的数据，将客户信息与数据转化为信用，推出全流程线上信用贷款业务。

申请办理信用贷款的小微企业客户，通过企业网银登录授权（线上）或通过营业网点授权（线下）的方式，授权企业主进行在线业务申请、签约、支用、还款、查询等操作，如图 5-2 所示。企业主接受授权后，系统根据小微企业及企业主金融资产、房贷、账户结算、POS 交易、纳税金额等数据，通过后台自动运行额度计算模型，对于模型通过的客户自动显示其信用贷款额度。企业主在获得系统展示的贷款额度后的一个月内发起合同签订，在线完成相关协议签署后，即可通过企业网上银行、手机银行或柜面进行贷款的自主支用及还款。

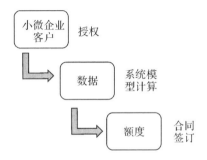

图 5-2　基于数据应用的信用贷款模式

业务投入使用数月以后，建行已经成功为 500 多户小微企业发放了 5600 多万元信用贷款，其中，结算云贷 5 户 330 万元，账户云贷 413 户 2030 万元，商户云贷 103 户 3300 万元，户均贷款近 11 万元，基本满足了小微企业客户小额化的融资需求。

5.2　风险防控

金融风险防控，是指金融市场主体在相关分析的基础上运用一定的方法合规性地防范风险发生或规避风险以实现预期目标的行为。习近平总书记多次指出，金融是现代经济的核心，是实体经济的血脉；金融活经济活，金融稳经济稳；金融安全是国家安全的重要组成部分，维护金融安全是关系我国经济社会发展全局的一件带有战略性、根本性的大事。党的十九大提出，决胜全面建成小康社会，必须打赢三大攻坚战，防范化解重大风险是其中一项重要的内容，而防控金融风险是其中的重点。

我国现处于高质量发展阶段，但同时也面临着老龄化速度加快、储蓄降低等一系列问题，新冠肺炎疫情的暴发，更使得我国的金融风险防控迎来了新的挑战。中国人民银行发布的《中国金融稳定报告（2021）》的第三部分——"构建系统性金融风险防控体系"中指出：我国在实践中加强金融监管协调，完善风险检测识别体系，积极采取多项宏观审慎政策措施。主要有：进一步加强金融政策统筹协调，面对新冠疫情带来的影响及造成的复杂局面，自 2020 年以来，国务院金融稳定发展委员会先后召开 33 次全体会议和多次专题会议，果断出台有力有效、专业精准的创新性措施，用制度和政策的确定性稳定市场预期，加大力度打好防范化解重大金融风险攻坚战，实现了以最小的代价促进经济率先取得正增长的目标，金融风险处置取得重要阶段性成果。加强系统性风险监测评估，持续做好银行业、证券业、保险业、金融市场的风险监测工作，及时预警风险，研究并提出应对之策。稳步推进央行金融机构评级工作，按季对全国 4000 多家金融机构开展央行金融机构评级，摸清风险底数，精准识别高风险机构。建立重点银行流动性风险监测报告机制，密切监测流动性状况，测算流动性缺口，及时进行风险警示，完善系统重要性金融机构监管。2020 年 12 月，中国人民银行、银保监会联合发布《系统重要性银行评估办法》，对我国系统重要性银行的评估方法、评估指标、评估流程和工作机制等做出了规定，确立了我国系统重要性银行评估规则体系。2021 年 4 月，中国人民银行、银保监会联合发布《系统重要性银行附加监管规定（试行）（征求意见稿）》，从附加资本、杠杆率、流动性、大额风险暴露、公司治理、恢复处置计划、数据报送等方面，提出了附加监管要求。下一步，中国人民银行将会同银保监会开展我国系统重要性银行评估并提出名单，出台《系统重要性银行附加监管规定（试行）》并组织实施，同时抓紧制定我国系统重要性保险机构评估规则和监管要求。

2021 年 3 月 11 日，台州市全市金融办系统主任工作会议召开。会议指出：2020 年以来，全市金融办紧紧围绕中央"六稳""六保"和疫情防控、复工复产工作任务，在金融赋能民营经济高质量发展、改革创新形成区域金融特色、维护稳定防范重大金融风险等方面取得了突出成效。叶维增主任指出：当下金融风险防控形势依然严峻，要进一步建立健全地方金融工作和监管体系，完善"三员三基地"建设，完善金融顾问团、金融指导员、金融网格员 3 支队伍，在每个乡镇街道建立融资服务基地、投资者风险教育基地、金融先锋服务基地，发挥金融指导员和金融网格员在群众风险知识教育、风险苗头发现以及风险线索提供等方面的作用。积极创新清廉金融单元，打造全省金融安全示范区；深入实施融资畅通工程，全面构建服务工业 4.0 标杆城市金融保障新体系，进一步优化金融服务，保证融资扩面增量，推动企业降本减负。深化金融安全示范区建设，争创区域金融风险防控台州样板，大力推进金融风险专项整治。表 5-3 整理了台州市防控金融风险的主要做法。

表 5-3　台州市防控金融风险的主要做法

做法/规划	核心要点
"三员三基地"	完善金融顾问团、金融指导员、金融网格员 3 支队伍，在每个乡镇街道建立融资服务基地、投资者风险教育基地、金融先锋服务基地，研究落实省、市、县三级顾问联动服务机制，发挥金融指导员和金融网格员在群众风险知识教育、风险苗头发现以及风险线索提供等方面的作用
健全地方金融监管体系	组建金融执法队伍，开展监管业务培训。建立地方金融监管平台，采取线上监管和线下监管相结合的方法，提升监管科学化水平。发挥地方金融组织联合会的功能，引导行业稳健有序发展
组织学习《防范和处置非法集资条例》	强化责任意识，提高政治站位；加强组织领导，健全工作机制；明确工作重点，加大整治力度
清廉建设	把清廉金融建设作为清廉台州建设的一个重要建设单元，着力培育和打造一批体现金融行业特色的清廉金融示范点

5.2.1　建设社会信用体系，打造风险防控基石

社会信用体系建设是构建高水平社会主义市场经济体制、推进治理体系和治理能力现代化的重要基础，是以数字化改革撬动各领域各方面改革的实

践路径，同时也是建立风险防控手段、调整风险防控政策的基石。

近年来，台州市准确把握社会信用体系建设对构建新发展格局、推动高质量发展的重要意义，不断加大工作力度，认真落实社会信用体系建设各项工作任务。 2021 年 10 月 25 日，国家发改委与中国人民银行公布了第三批社会信用体系建设示范区名单，台州市被确定为本批信用体系建设的示范区之一。 为了全面深化台州市社会信用体系建设，台州市人民政府办公室于 2021 年 10 月 13 日印发了《台州市社会信用体系建设"十四五"规划》。

在"十三五"期间，台州市委、市政府高度重视信用建设，围绕创建全国社会信用体系建设示范区，以创新、协调、绿色、开放、共享五大发展理念为引领，从优化营商环境、促进经济社会高质量发展的战略高度出发，大力建设"信用台州"，全面推进信用建设各项工作，使得全市社会信用体系水平得到明显提升。 在过去 5 年的建设中，台州市实现了进一步完善信用制度、进一步深化信用信息平台、逐步实现联合奖惩等目标，重点区域成效突出，诚信氛围日益浓厚。

当前，我国经济社会向高质量发展阶段迈进，利益主体更加多元化，社会组织形式及管理方式发生深刻变化，这些对信用建设提出了更高要求。 因此，《台州市社会信用体系建设"十四五"规划》（下文简称《台"十四五"规划》）中指出：以习近平新时代中国特色社会主义思想为指导，全面贯彻党的十九大和十九届二中、三中、四中、五中全会精神，深入贯彻习近平总书记对信用工作的重要指示精神，按照"信用中国""信用浙江"建设工作部署，以贯彻实施信用"531X" 2.0 版工程为主线，以全方位征信、全数据入信、全社会用信为目标，以贯彻落实《台州市企业信用促进条例》为抓手，进一步健全信用运行机制，统筹推进信用法律制度、信用基础设施、公共信用产品、信用监管机制、激励约束机制、信用服务产业等建设，构建全社会良好的信用环境，为推进市域治理现代化、打造一流营商环境、构建新发展格局、建设新时代民营经济高质量发展强市提供强有力的信用支撑和保障。 《台"十四五"规划》中还提出，到"十四五"末期，要实现台州市信用建设水平全面提升，构建与经济社会发展水平相适应、与新时期社会发展需要相契合的社会信用体系，即信用法规制度和标准规范更加健全，信用基础设施和信用服务的数智化水平显著提升，信用信息归集和信用产品开发应用更加全面，信用机制在营商环境建设和社会治理中深度应用，政府和公民诚信意识水平明显提高，成功创建全国社会信用体系建设示范区，打造一个信用法律制度规范更健全、信用基础设施体系更完善、公共信用产品服务更有效、信用综合监管体系更全面、社会诚信文化氛围更浓厚的"信用台州"。表5-4展示了台州市社会信用体系建设在"十四五"时期的主要指标。

表 5-4 台州市社会信用体系建设"十四五"时期主要指标①

序号	类别	指标	2020 年	2025 年	属性
1	信用信息	公共信用信息数据归集合规率	2.4 亿条	4 亿条	约束性
2		统一社会信用代码重错率	0.04%	低于 0.01%	预期性
3		"双公示"信息质量	未统计	上报率、合规率、及时率均达 100%	约束性
4	信用应用	信用信息查询使用量	70 万次	150 万次	预期性
5		开展信用分级分类监管部门数	28 个	监管部门全覆盖	约束性
6	信用产业	全市小微企业信用贷款规模	190 亿元	500 亿元	预期性
7		信用服务业营业收入规模	未统计	5000 万元	预期性

对于小微企业与小微金融服务而言，信用体系建设有助于提升小微企业融资的便利程度与金融机构提供金融服务的精确程度，进而降低风险发生的概率，达到风险防控的目的。《台"十四五"规划》强调：

一是要完善监管机制，提升监管水平。这就需要按照依法依规、保护权益、审慎适度、清单管理的原则，进一步规范和健全失信行为认定、记录、归集、共享、公开、惩戒和修复机制，规范化、法治化地推进信用工作。依法依规修订联合奖惩制度，通过信用信息交换共享，实现多部门、跨地区信用奖

---

① 《台州市社会信用体系建设"十四五"规划》第二部分。

惩联动。 建立健全信用修复配套机制,明确修复方式和程序,加强信用修复信息共享。 探索信用修复"一网通办"机制,提高信用修复效率。 事前环节实施信用承诺制,推动全市信用承诺标准化、公开化。

二是要健全信用监管机制。 这就需要建立健全贯穿市场主体全生命周期,衔接事前、事中、事后全监管环节的新型监管机制。 事中环节全面建立市场主体信用记录,鼓励市场主体自愿申报企业信用信息。 推进信用综合评价、行业信用评价、市场信用评价,将信用评价结果作为各领域、各行业分级分类监管的基础性依据,提升监管效能。 在事后环节进一步完善联合奖惩机制,实现跨部门、跨领域、跨地区信用奖惩联动。 按照失信行为发生领域、情节轻重、影响程度等,依法依规分别实施不同类型、不同力度的惩戒措施,防止信用惩戒过当。

三是要积极参与长三角信用一体化。 这就需要主动参与标准规范制定、基础设施建设、信息交换、联合奖惩、产品应用等方面的跨地区信用合作,重点参与长三角地区城市信用数据交换、跨地区信用监管,依托"信用长三角"平台,推动生态环境、食品药品、产品质量等重点领域跨地区信用联动奖惩。

案例四:台州制定全国首个渔业信用评级实施细则①

近年来,台州市深入推进渔务管理信息公开,以数字赋能为抓手,推动政务公开、办事服务、政民互动等板块数据贯通、融合发展,在全国首创"渔省心"数字化多跨场景应用,助力渔船排污规范化、渔事安全管理精准化及渔民办事便利化。自"渔省心"上线以来,累计处理海域污染物 539.268 吨,回收处置率 100%,该治污模式已作为样板在全国多地推广;累计注册 3272人,访问量达 81874 次,有效地降低了渔民的办事成本。

一是构建"三色码"分级体系,强化渔船行为监管。制定《渔船生态环保"三色码"部门联合管理办法(试行)》,对辖区渔船施行红、黄、绿三色码管理制度,即根据水污染处理、环保政策学习、培训持证等情况对渔船开展赋分

---

① 《信息公开 数字赋能 政民互动——台州市创新"渔省心"模式打造"阳光渔务"全国样板》,http://www.zjtz.gov.cn/art/2021/12/27/art_1229471530_59051930.html。

评价,实施绿码正常航行、黄码警示航行、红码干预航行的分类监管。若渔船被连续赋予红码 3 次、黄码 3 次警示后仍不改正的,则将其列入黑名单,在港口、海上执法等方面地将其列为重点监管对象;对 3 年以上连续保持绿码的渔船,优先安排渔船检验、技术改造、数字服务等项目,并在示范推荐上给予优先考虑。9 月以来,共进行黄码警示 300 多艘次。

二是构建"渔守信"评价体系,释放涉渔信用红利。制定全国首个渔业信用评级实施细则,根据渔民主动纳污、作业安全规范、海上救助帮扶等情况,综合测算船东船长个人征信分数,并对渔民实行信用分级评价。针对信用等级高的渔民,推出金融保险普惠、市场采集直销、政策直通便民等服务。以采购油品为例,2021 年 7 月 20 日渔民通过正常途径购买油品需 7500 元/吨,通过信用换购后油品仅需 6375 元/吨,购买成本下降 15%。

三是实行"金融助渔",破解融资贷款难题。深化"政银保"三方联动,与交通银行、恒丰银行、新华保险公司等金融机构开展合作,为渔民提供"渔夫贷"等增值服务,破解渔民资金周转难、融资渠道窄等问题,渔民可根据信用评价情况在线上申请贷款。截至目前,交通银行已发放"渔夫贷"5000 多万元,受益渔船达 89 艘,最低贷款利率仅 3.8%。

5.2.2　完善征信法制框架,灵活征信模式建设

近年来,随着数字经济的快速发展,互联网和大数据等新技术在征信领域广泛应用,大量有效替代数据被采集、分析和应用于判断企业和个人信用状况,征信已突破传统借贷信息共享的范围。同时,金融机构围绕小微企业融资和长尾客户普惠金融服务的征信需求不断提升,人民群众对高质量征信服务也提出了更高的要求。新时代背景下,已有的法律法规和制度不能完全覆盖征信的新业态、新特征。为更好地贯彻"征信为民"的发展理念,满足新时代征信业规范发展的需求,切实保障征信市场主体的合法权益和信息安全,2021 年 9 月 17 日,在中国人民银行 2021 年第九次会议上,审议通过并发布了《征信业务管理办法》(下文简称《办法》)。《办法》以信用信息的采集、整理、保存、加工、提供、信息安全等全流程合规管理为主线,以明确征

信业务边界、加强信息主体权益保护为重点,主要涉及明确信用信息的定义及征信管理的边界、规范征信业务全流程、强调信用信息安全和依法合规跨境使用、提高征信业务公开透明度等4个方面的内容。《办法》将进一步提升征信业市场化、法治化和科技化水平,助推征信市场健康有序发展。①

2021年3月,台州市金融办主任叶维增指出台州市的3张名片:打造以专注实体、深耕小微、精准供给、稳健运行为主要特征的小微金融台州模式,努力构建全国性小微金融服务高地;抢抓长三角一体化和资本市场注册制改革机遇,形成在全国有影响力的资本市场之台州板块,不断增强上市公司引领高质量发展新动能;创建金融安全示范区,打好风险防控攻坚战,形成金融生态优良的台州样板,推动经济金融良性互动发展。打造台州样板,不仅要围绕优化营商环境大会提出的"实施'信用有价'工程,加快建设国家信用示范城市"的工作目标,探索和推广"信用评级＋银行信贷"的小微企业增信获贷新模式,还要建立投资者风险教育基地、基层金融矛盾调解中心,加强政策宣传,提升群众防范风险意识。

案例五:"软硬资产"兼收,"人品"亦有价②

"我们农民没有信用积累,也没有什么抵押物,金融机构会给我贷款吗?"玉环的葡萄种植户谢剑江眼看着盛果季节来了,却没钱买肥料,心急如焚。然而,若不是亲身经历,他也不会想到自己可以凭借中国共产党党员的身份,凭借为人正直等多项道德、人品加分,从玉环永兴村镇银行换回20万元贷款。"农民借钱,不难了。"2021年9月2日,谢剑江算了算,自己今年卖葡萄有十六七万元的收入。

同样遭遇资金难题的,还有三门县浦坝港镇的陈小平。从盐场下岗后,他就想自主创业,但缺乏启动资金。三门农商银行了解到,陈小平从1993年起守护方山烈士陵墓,获评"浙江好人"。凭借20多年如一日的无私大爱,三门农商银行通过"农民家庭资产池融资"模式,给予其30万元信用贷款。

---

① 《中国人民银行有关负责人就〈征信业务管理办法〉答记者问》,http://www.gov.cn/zhengce/2021-10/01/content_5640686.htm。

② 朱玲巧、陆健:《浙江台州:"农民家庭资产池融资"巧解农民贷款难》,https://share.gmw.cn/difang/zj/2021-12/15/content_35383581.htm。

台州银保监分局党委书记、局长曹光群介绍,"硬资产＋软资产"都可以纳入农民家庭资产池,全面盘活农户沉睡的资产。"硬资产"除了包括传统房产、车产外,还包括青蟹、对虾、鲈鱼等农(渔)活体资产,以及村集体组织股权、土地承包经营权、林权、海域使用权、农险保单等权利型资产。"软资产"则是指对"五好家庭""党员家庭""乡贤"等道德、人品指标赋予实体资产同等价值,如获得市、县、乡级荣誉可分别增信30万元、10万元、5万元,对道德、信用等有瑕疵的客户,相应抵扣减少其总资产额度。

截至8月末,全市试点银行机构通过该模式向农户新增小额信用贷款授信8.75万户、金额94.1亿元,其中发放贷款户数4.4万户、金额44.92亿元。

案例六:建立科学评估模型,推进"信用有价"模式[①]

"我们村柑橘种植业的发展,每一步都离不开'金融活水'的浇灌。'农民家庭资产池融资'模式是我们共同富裕的途径之一。"临海涌泉梅岘村老书记孔先顺说。

作为临海农商银行梅岘村的联络员,他充分发挥地缘、人缘的优势,带着客户经理挨家挨户进行信息采集。该村274户农户的有效信息采集率达到95％。

为确保数据公平公正,台州银保监分局牵头制定台州"农民家庭资产池融资"信息采集标准,启动建立农户信息采集数据库。同时,对不同渠道获取的数据进行交叉验证,不断提升农户信息数据质量。目前,累计批量采集数据达29.6万条。

8家试点银行提高"农民家庭资产池融资"不良容忍度,完善尽职免责制度,建立容错纠错机制,使该模式更具可操作性。比如,温岭农商银行设定"农民家庭资产池融资"模式的贷款不良容忍度为2％,高于其普惠涉农贷款不良率近1个百分点。

---

① 朱玲巧、陆健:《浙江台州:"农民家庭资产池融资"巧解农民贷款难》,https://share.gmw.cn/difang/zj/2021-12/15/content_35383581.htm。

5.2.3 贯彻防控政策,防范非法集资

2021 年 8 月 9 日,中国人民银行发布的《2021 年第二季度中国货币政策执行报告》(下文简称《报告》)指出,2021 年以来,在以习近平同志为核心的党中央坚强领导下,我国持续巩固拓展疫情防控和经济社会发展的成果,有效实施宏观政策,经济持续稳定恢复、稳中向好,供给稳定、需求回升,高质量发展稳步推进。《报告》强调,中国人民银行坚持以习近平新时代中国特色社会主义思想为指导,坚决贯彻党中央、国务院的决策部署,稳字当头,稳健的货币政策灵活精准、合理适度,搞好跨周期政策设计,保持政策连续性、稳定性、可持续性,科学管理市场预期,坚持服务实体经济,有效防控金融风险,为经济高质量发展营造了适宜的货币金融环境。《报告》提出,稳妥有序地推进金融机构改革和金融风险处置,持续深化开发性、政策性金融机构改革。推动全面落实开发性、政策性金融机构改革方案,厘清职能定位,明确业务边界,落实分类核算,完善公司治理,强化约束机制,防范金融风险。《报告》还指出,在下一阶段,要健全金融风险预防、预警、处置、问责制度体系,构建防范化解金融风险长效机制,分类施策补充中小银行资本,牢牢守住不发生系统性金融风险的底线。根据经济金融形势发展变化的实际情况,把握好政策力度和节奏,有力支持实体经济。健全可持续的资本补充体制机制,重点支持中小银行补充资本,提升银行服务实体经济和防范化解金融风险的能力。加大银行体系不良资产核销力度,分类施策补充中小银行资本。落实地方党政主要领导负责的财政金融风险处置机制,强化地方党政风险处置属地责任,推动做好重点省份高风险机构数量压降工作。落实重大金融风险问责、金融风险通报等制度,有效防范道德风险。

为了防范和处置非法集资,保护社会公众合法权益,防范化解金融风险,维护经济秩序和社会稳定,国务院于 2021 年 2 月颁布了《防范和处置非法集资条例》(下文简称《条例》)。《条例》首次赋予地方政府防范和处置非法集资(以下简称"处非")的行政执法职权,标志着我国依法开展非法集资全链条治理工作迈上了一个新台阶。2021 年 4 月 22 日,台州市金融办召开了2021 年度全市金融稳定工作会商会暨《防范和处置非法集资条例》工作任务

部署会。① 齐峰副主任在会上指出：2020 年以来，全市金融重点领域的增量风险得到有效控制，存量风险逐步化解，金融风险总体可控，牢牢守住了不发生系统性金融风险的底线。齐峰还针对 2021 年的金融稳定工作，提出要强化责任意识，提高政治站位，深刻把握习近平总书记关于防范化解重大风险的重要论述，深刻认识维护金融稳定的重要性和紧迫性，坚决贯彻落实中央和省委、省政府关于金融稳定工作的部署要求，切实承担起维护金融稳定的政治责任；加强组织领导，健全工作机制，完善地方金融风险防控处置机制，构建更加紧密高效的经济金融风险预防、预警和处置机制，推动政府、机构、行业协会、群众四方共建金融风险全流程防控体系，将金融稳定工作做细、做实、做好，坚决守住不发生系统性金融风险的底线；明确工作重点，加大整治力度，贯彻落实《条例》，加强重点领域排查整治全面排查风险隐患，做好各行业自查与摸排工作，加强对新型非法集资隐患研判分析，按时完成重点行业风险排查任务，加大处非案件处置力度，加大对处非陈案的攻坚力度，对未结案件开展集中攻坚，持续压降存量案件风险。《条例》实施后，推动重点领域形成若干非法集资行政执法案例，注重以案说法，梳理典型案例，警示违法后果，有效发挥行政处罚的震慑作用，夯实全市金融稳定工作基础。

为了切实提升台州市处非工作队伍的专业能力，有效履行该《条例》赋予的行政职能，2021 年 12 月 2 日，台州市打击和处置非法集资工作领导小组办公室组织召开了全市处置非法集资专题培训会。台州市公安局台州湾新区分局经侦大队余浩铭教导员在会上指出：随着市场经济的不断创新发展，特别是新技术、新产业、新业态、新模式的不断涌现，非法集资活动也不可避免地在较长时期内伴随滋长和存在，甚至可能在一定时期内成为社会性和系统性问题。处非活动，要坚持防范为主、打早打小、综合治理、稳妥处置的原则，需要各级处非牵头部门以及公检法等相关部门密切配合，优势互补，形成合力。同时，也需要各相关部门转变执法理念，主动作为，从"治疗式"执法逐步向"体检式"执法转变，推动打击非法集资阵地前移，做好源头防控，

---

① 《市金融办召开 2021 年全市金融稳定工作会商会暨〈防范和处置非法集资条例〉工作任务部署会》，http://jrb.zjtz.gov.cn/art/2021/4/28/art_1229039050_58925318.html。

切实守护好人民群众的钱袋子，共同构筑良好的地方金融生态环境，促进社会和谐稳定。台州市处非办强调：处非是一项长期、复杂、艰巨的系统性工程，关系到人民群众的切身利益、经济金融的健康发展和社会大局的稳定。各个处非部门应当进一步落实《条例》，做好宣贯工作，建立健全非法集资监测预警机制和举报奖励制度，使非法集资少发生、早发现、早处置；进一步坚持打防结合，做好处置工作，针对私募基金、消费返利、房地产建设开发、养老、教育、债权融资、国企发债等重点领域，及时开展行业内非法集资风险排查，加强对涉嫌非法集资的互联网信息和网站、移动应用程序、广告的监测，强化过程管控，做到防打结合、打早打小；进一步健全工作机制，落实处置责任，积极与各地政府汇报工作，建立健全政府统一领导的处非工作机制，按要求落实各行业主管、监管部门的监督管理职责，明确职责分工，进一步完善、细化相关工作机制；进一步加强行刑衔接，做好分类施策，处非的根本在于源头防范，行政治理是重要基础，刑事打击是最后手段，各地处非牵头部门要做好非法集资案件的行政调查工作，做好行刑衔接、分类施策。

5.2.4　拓宽防控角度，建设"清廉"金融

金融业是国民经济的血脉，金融安全事关国家安全。当下，金融业变化很快而制度建设相对滞后，同时形成形形色色的关系纽带和利益链条，"围猎"与"被围猎"、甘于"被围猎"交织，容易滋生腐败。金融领域腐败往往与金融风险交织在一起，金融领域反腐是保障金融安全乃至国家安全的重要一环。[1]（刘来宾，2019）

2021年1月22—24日，第十九届中央纪委五次全会在北京召开。习近平总书记指出的"做好金融反腐和处置金融风险衔接，强化金融领域监管和内部治理"又一次强调了金融反腐问题，可见其重要程度不言而喻。

2021年8月12日，台州市人民政府召开清廉金融建设工作推进会，主要

---

[1]　刘来宾：《坚持靶向治疗 加大金融领域反腐败力度——中央纪委国家监委驻四家银行纪检监察组组长谈贯彻落实中央纪委三次全会精神》，《中国纪检监察》2019年第3期，第20—22页。

任务是深入贯彻落实习近平总书记关于深化金融领域反腐败工作的重要指示精神，根据市委深化清廉台州建设决策部署，对纵深推进清廉金融建设工作进行再动员、再部署。清廉金融建设是一项系统工程，既要全面推进，又要重点突出。2021年初，台州市五届五次党代会明确提出，要以全面从严治党为主线深入推进清廉台州建设，并将其写入"十四五"规划。2021年3月，台州市委出台了《关于纵深推进清廉台州建设的意见》，明确把清廉金融建设作为清廉台州建设的一个重要建设单元；同年11月，台州市银行业协会发布《台州银行业保险业清廉行业建设倡议书》，大力提倡"清风树正气，廉洁促发展"。叶维增表示，台州正以走在前列的姿态，深入推进清廉金融的实践探索，努力打造一批与示范区建设相匹配的标志性工程，让清廉金融建设的最佳实践闪耀于示范区创建全过程。①

案例七：台州银行——厚植清廉文化根基②

推进清廉银行建设，是建设清廉台州系统工程的重要组成部分，也是加大金融反腐力度，促进银行健康发展，打赢防范重大风险攻坚战，维护金融安全的重要保障。

台州银行将"清廉银行"建设融入银行企业经营管理，进一步牢固树立纪律意识和规矩意识。

在日常经营管理过程中，台州银行先后出台了《员工职业道德与行为守则》等一系列清廉银行建设相关制度，面向公众发布了清廉主题的《告全体客户书》，建立员工行为排查与员工异常行为报告机制，将纪律作风建设常态化、制度化、规范化，做到8小时内外全覆盖，切实增强廉洁自律的自觉性和坚定性。

在台州银行，清廉文化深深融入每一个员工的血液里。通过制度约束与流程规范，员工明确作业流程与行为规范，管理者全面管控业务流程风险点，及时掌握员工动态，端正行风，严明行纪，抓牢核心，管牢底线、红线、高压线。

---

① 《廉在金融 | 市金融办召开全市"清廉金融"建设推进会》，http://jrb.zjtz.gov.cn/art/2021/8/12/art_1229039065_58925428.html。

② 葛星星、张露欣：《将清廉建设融入发展——台州银行：厚植清廉金融文化根基》，《台州日报》2021年4月23日，第12版。

2021年,台州银行迎来了"清廉银行铸造年"。前不久,该行组织召开"清廉银行"铸造2021年行动启动大会,全行10000多名员工分别在主会场和分会场进行"万人诺廉"签名活动,20多项"清廉银行"铸造行动全面铺开、一体推进,计划将台行银座金融学院打造成清廉文化教育基地,通过培训宣导使清廉文化浸透全行各级干部和员工,并打造"清廉一平方"作为清廉文化宣导阵地,展示台州银行清廉建设成果,让"清廉台行"建设全方位接受社会公众的监督。

案例八:台州银行——"清廉银行"铸造活动[①]

建立健全信贷客户贷后清廉回访机制,是台州银行2021年"清廉银行"铸造行动重要内容之一。在浙江省银保监局、台州银保监分局的指导下,该行从总行到支行,从清廉监督到清廉教育,将清廉文化融入小微信贷服务的方方面面,探索建立具有小微金融特色的清廉文化体系,为信贷业务高质量发展保驾护航。

清廉监督,让信贷服务更阳光。"作为一家服务村居、服务小微的银行,台州银行拥有近5000名信贷员。他们可以接触各行各业的客户,也容易遇到各种诱惑,进而引发员工道德风险。"台州银行总行人力资源部负责"清廉银行"工作的工作人员表示。

为实现阳光信贷,保障广大客户利益,台州银行建立了短信、网站、手机银行等多种客户投诉渠道,还会定时开展信贷客户贷后清廉回访。总行客服中心每月会在上月发放的贷款客户中筛选部分客户,询问在服务过程中,信贷员服务效率如何、是否存在违规收费或收礼等行为。"放款入账只用了2—3天的时间。因为她(客户经理)帮了我忙,我送她海鲜,她也不收,朋友圈看到她孩子生日,就发了个红包,第二天就被退回了。"在近期一次贷后清廉回访中,客户胡先生如是反馈。

---

① 杨芳:《台州银行:清廉监督与教育护航小微金融发展》,《台州日报》2021年12月3日,第11版。

除此之外，台州银行今年还在支行营业网点开辟"清廉一平方"宣传阵地，公布客户投诉指南、致客户公开信等清廉条律，对外公示清廉二维码。客户只要用手机扫一扫清廉二维码，就会进入投诉举报界面，若遇到信贷服务中有关违规收费、违反清廉纪律等问题，都可直接在线上投诉留言。

通过建立信贷监督反馈通道，收集广大客户的意见和投诉，实现客户监督信息直达总行，有效地体现了台州银行廉洁、诚实、高效的信贷文化。

2021 年 12 月 17 日，台州市金融办组织召开了全市清廉金融示范点创建工作评审会。 台州作为全省率先提出清廉金融单元建设的地级市，着力培育和打造一批体现金融行业特色的清廉金融示范点，得到了各金融机构的积极响应与高度重视，银行、保险等机构踊跃参与和申报创建清廉金融示范点，组织有力，成效明显。 下一步，台州市金融办将认真总结 2021 年以来清廉金融单元创建工作，全面梳理各单位优秀的做法和先进的经验，探索建立清廉金融建设的长效机制，更好地促进台州金融行业的稳健发展，助力台州高质量发展，建设共同富裕示范区。[①]

5.3 本章总结

台州市坚持以金融服务实体，致力推动金融供给侧和企业需求侧的匹配，积极探索小微金融改革创新，开创出专注实体、深耕小微、精准供给、稳健运行的小微企业金融服务台州模式。 《浙江省金融业发展"十四五"规划》（下文简称《规划》）中提出"十四五"金融业发展的主要目标：提升服务实体经济能力，提升服务百姓普惠金融能力，提升金融产业高质量发展能力，提升金融风险防控处置能力。 台州市深刻贯彻落实《规划》精神，在小微企业金融科技创新与风险防控措施中不断取得新成效。 基于对台州市现有金融科技创新成果与风险防控措施的分析，本章得出以下结论。

[①] 《台州市组织开展清廉金融示范点创建评审工作》，http://jrb.zjtz.gov.cn/art/2021/12/22/art_1229039050_58928861.html。

第一，台州市通过利用金融科技使金融产品和服务机制得到了创新，使金融服务逐步实现了信息化、大众化、数字化，进而促使更多的金融机构愿意为小微企业和低收入群体提供合理可控的金融服务。 台州市地方政府性融资担保体系，提供了解决政府性融资担保问题的台州服务。

第二，台州市融合数据与科技，致力于打破信息不对称的局面。 利用大数据手段，建立了多种帮扶机制，有效提升了融资效率。 首创的金融服务信用信息共享平台也为构建数字化征信体系，破解信息不对称难题提供了新的台州方案。

第三，打造持续向好的地方金融生态运行机制。 台州市努力推动有为政府与有效市场的对接，始终保持其作为国家级小微金改创新试验区的活力，为各部门的联动提供了台州经验。

第四，面对大背景下金融风险的新特征与风险防控的新挑战，台州市健全金融风险防控机制，完善风险预警系统，坚决防控地方金融风险。 提出清廉金融，从新的角度防范金融风险；结合国家政策，完善非法集资的防范与处置办法，给出了坚决守住系统性风险底线的台州措施。

数字普惠金融与乡村振兴

国务院印发的《推进普惠金融发展规划（2016—2020 年）》中指出，普惠金融是指立足机会平等要求和商业可持续原则，以可负担的成本为有金融服务需求的社会各阶层和群体提供适当、有效的金融服务。 小微企业、农民、城镇低收入人群、贫困人群和残疾人、老年人等特殊群体是当前我国普惠金融的重点服务对象。 大力发展普惠金融，是我国全面建成小康社会的必然要求，有利于促进金融业可持续均衡发展，推动大众创业、万众创新，助推经济发展方式转型升级，增进社会公平和社会和谐。 本章将阐述台州市普惠金融数字化的创新发展现状，以及数字普惠在乡村振兴战略上的实践经验与实践方案。

6.1 数字普惠金融的现状

数字普惠金融，是指通过现代化手段，把互联网、云计算及大数据在信息收集、处理、储存等方面的优势应用于金融服务行业，通过相对充分地共享信息、使用信息以达到降低交易成本与金融服务门槛，扩大受众范围与金融服务覆盖面，进而助力实现普惠金融的目的。

数字普惠由普惠金融的发展而产生，又服务于普惠金融的发展。 对于我国的市场现状而言,低收入的工薪阶层与数量庞大的农民占到很大的比重,这部分人往往没较好的征信画像,也缺乏合适的信用抵押物,为他们提供金融服务往往面临着成本高、风险大、人力耗费大但利润小的问题,而且诸如信息采集、贷款审核等流程也较为烦琐,难以管理,这就是多数商业银行不愿贷款给普通小微企业的原因。 在技术水平不断发展的当下,数字普惠金融恰好可以弥补传统金融服务的不足,在传统金融服务难以触及甚至不愿触及的地方发挥作用。

6.1.1 银行提速普惠数字化,小微持续受惠稳发展

从全国来看,2021 年上半年,由于疫情和市场等因素,许多小微企业的生产都面临着高成本的问题。 在这一背景下,我国各大银行相继出台了一系列普惠政策,使信贷资金精准地流向有需求的小微企业,有效地提升了小微企业抵抗冲击的能力,助力小微企业稳步发展。

如表 6-1、表 6-2 所示,工商银行普惠型小微企业贷款余额突破 1 万亿元,增幅达 40.40%,首贷户同比增长超 4 成。 小微企业信用贷款占比、中长期贷款占比同比均提升 3 个百分点以上,该行小微企业综合融资成本比 2020 年进一步下降 56 个基点。 建设银行普惠金融贷款余额为 1.71 万亿元,较上年末增加 2883.82 亿元;普惠金融贷款客户数为 180.18 万户,较上年末新增 10.63 万户。 邮储银行半年报显示,上半年普惠型小微企业贷款余额为 8905.03 亿元,占全行各项贷款比例超过 14.00%。 招商银行普惠型小微企业客户数为 62.02 万户,较年初增长 32.09%;普惠型小微企业贷款余额为 5751.83 亿元,较年初增加 667.22 亿元,增幅达 13.12%。 平安银行新增投放民营企业贷款客户数占新增投放所有企业贷款客户数的 70%,截至 2021 年 6 月末,该行民营企业贷款余额较上年末增长 12.80%,在企业贷款余额中的占比为 72.00%;普惠型小微企业客户数达 75.16 万户,贷款余额达 3438.95 亿元,较上年末增长 22.1%。 在利率方面,通过智能定价,平安银行为小微客户提供优惠服务,目前抵押类贷款年利率最低为 3.85%,信用贷款利率最低为 4.68%。 另外,平安银行还采取了多项举措,如:针对所有经营用途的零售贷款,继续采取免收提前还款违约金政策,以减轻小微企业负担。

表 6-1　2021 年上半年各银行普惠型小微企业贷款余额汇总

银行	普惠型小微企业贷款余额/亿元	增幅/%
工商银行	>10000	40.40
建设银行	17100	20.28
邮储银行	8905.03	
招商银行	5751.83	13.12
平安银行	3438.95	22.10

表 6-2　2021 年上半年部分银行普惠型小微企业客户数汇总

银行	普惠型小微企业客户数/万户	增幅/%
建设银行	180.18	6.27
招商银行	62.02	32.09
平安银行	75.16	

　　与此同时，在 2021 年上半年，许多银行加快了普惠金融服务模式的完善，加快了普惠金融数字化转型，加快了数字化金融服务产品的开发与创新。

　　半年报显示，工商银行进一步激活数据要素赋能小微企业，依托大数据等企业级技术平台，综合运用行内外数据，支持普惠融资高效、精准投放。截至 2021 年 8 月，已基于 50 余类数据信息，通过挖掘自有数据、对接企业和政务数据，推出"抗疫贷""税务贷"等 500 多个场景的融资产品。工商银行充分运用海关单一窗口、外汇局跨境金融区块链服务平台等便利化银政服务平台，聚焦贸易融资线上化，提升对进出口企业尤其是中小微企业的金融服务能力。建设银行加快推进普惠金融在线业务开展，深化平台经营，完善"建行惠懂你"服务。截至 6 月末，"建行惠懂你"的认证企业超 556 万户，授信客户突破 100 万户，授信金额超过 7000 亿元。

　　在股份制银行中，平安银行继续深耕对普惠金融的科技赋能。其半年报显示，借助大数据及互联网技术手段，该行积极打造的"小微智贷星"智能贷款服务平台，可实现贷款全线上申请，最快 10 秒即可放款。通过金融与司法、工商、税务、海关、电力、电信等行业数据的融合应用，平安银行发挥金融大数据在互联网贷款产品上的作用，实现数据资源的有机整合与深度利用；通过数据化、无接触的互联网贷款支持电商等灵活就业群体，提供500亿元专项授信支持。通过"物联网＋卫星"、开放银行等技术手段，平安银行利用供应链思维解决小微企业融资难题。2020年，平安银行发射金融行业首颗物联网卫星"平安1号"，对平安星云物联网平台进行技术补充，实现对实物资产的感知、识别、定位、跟踪、监控和管理，将卫星技术手段应用到金融服务中，该技术已在智慧制造、车联、农业、能源、物流、城建、航运等重点领域落地。[①]

6.1.2 台州数字普惠成果

普惠金融，是我国金融业发展的要求，同时也是必经之路、必要手段。随着经济社会的发展，以及大数据与互联网等各种各样的现代技术手段的更新，普惠金融逐步要求数字化，这不仅是小微企业的迫切需求，更是实现共同富裕的方法之一。2021年3月10日，全国政协委员、中国人民银行副行长陈雨露在回答记者提问时指出：在防控好金融风险的基础上，小微企业无抵押信用贷款的占比将会继续上升，科创小微企业、绿色小微企业、乡村振兴战略当中的农村新型经营主体等符合新发展理念的中小微企业，将会得到特殊的融资支持。与此同时，我国数字普惠金融事业将会继续快速发展，大大缓解了小微企业融资当中信息不对称的矛盾，让中小微企业插上金融科技的翅膀，在国民经济开创新格局当中发挥新的更大作用。

台州市十分注重普惠金融数字化建设，多年来不断完善社会信用体系，致力于解决小微企业遇到的各种问题，持续提高民营小微企业的信用评估水平；落实《国务院关于印发推进普惠金融发展规划（2016—2020年）的通知》的要求，为增强人民群众对金融服务的获得感，提升对金融服务的满意度，提高金融服务覆盖率与可得性，提供了自己的实践经验。

---

① 周萃:《银行业持续优化小微金融服务见实效》,https://www.financialnews.com.cn/yh/shd/202108/t20210831_227240.html。

（1）"雏鹰助飞"小微金融，数字普惠百姓民生

依照有关工作部署要求，台州市经济和信息化局、中国银行台州市分行近年来持续深化政银合作，共同开展促进中小微企业和民营企业高质量发展"雏鹰助飞"金融服务专项行动。

近年来，中国银行深入开展的"雏鹰助飞"项目，为促进中小微企业和民营企业梯度培育以及高质量发展做出了重要贡献。据报告，截至2021年3月末，"两增两控"（增加小微企业贷款金额和户数，控制贷款成本和贷款风险）口径普惠贷款余额达139.87亿元，较上年初新增55.7亿元；普惠贷款客户数达7888户，较年初新增783户。普惠贷款不良余额为0.2亿元，较年初下降0.04亿元；不良率为0.15％，较年初下降0.06个百分点。①

案例九：中国银行台州分行——"雏鹰助飞"专项行动②

为响应国家与上级行的部署要求，中国银行台州市分行积极落实开展"雏鹰助飞"金融服务专项活动，加大对专精特新、小升规、"瞪羚"企业、市级"小巨人"企业、省级隐形冠军企业及其培育企业、国家级专精特新"小巨人"企业以及小微企业园的金融扶持力度。

近年来，中国银行台州市分行不断加大贷款投放力度，认真筛查内外部数据，科学筛选目标客户，致力于提升营销精准度，尤其是专注对专精特新、小升规、隐形冠军企业以及小微企业园等金融服务的扶持。该行结合台州块状经济特点，积极与税务局、科技局、小微园区管委会等各部门沟通联系，深入合作，以税务通宝、循环贷等信贷工厂的重点产品为载体，获取各类客户信息，科学筛选，明确目标，制定专项服务方案，批量拓展小微园区入园企业、纳税AB类企业、核心企业供应链上下游等客群。通过"雏鹰助飞""普惠浙星行"等活动，运用浙江省金融中和服务平台等，开展普惠政策，授信产品等宣导，及时获取客户情况，满足企业需求。

---

① 《台州市银行业保险业小微金改实验室项目成果汇编》，http://www.yunzhan365.com/96024620.html。

② 《台州市银行业保险业小微金改实验室项目成果汇编》，http://www.yunzhan365.com/96024620.html。

该行灵活运用产品与授信组合,努力为企业提供精准、合适的金融服务;以"中银企E贷"等产品为载体,适度加大信用贷款、无还本续贷的支持力度,为提高企业融资效率,解决企业融资难、担保难的问题给出方法方案。该行持续致力于做好产品与改革创新,加强与信保基金业务的合作。深化还款方式的创新,推进"中银接力通宝"产品还款方式创新的实施,帮助小微企业实现无本续贷。该行还通过政策传导,使得辖属支行均积极营销。截至2021年3月末,该行已经落地中小企业"双保"应急融资业务47户、贷款金额1.56亿元。

在普惠金融方面,该行创新机制建设,独立设置了普惠金融事业部,在辖内7家网点设立了普惠金融专业支行,配置了专业人员、专项信贷规模、资源倾斜,先行先试,落实"五专"机制。

该行充分运用线上服务,不断强化服务保障工作,不断深化综合服务能力,不断尝试降低小微企业融资成本,努力实现银企共赢。

(2)牵手"智慧园区",坚守普惠金融

汇富春天产业园位于台州温岭,是一个集电商公共平台、人才培训与创业基地、电子商务企业孵化基地、企业外包托管中心、信息技术交流中心、快递仓储等功能于一体的现代化园区,覆盖了电子商务产业链的各个环节,为电子商务企业提供一站式及仓配一体化的销售流程。[①] 该园与太平塘小微企业园一起入围首批省五星级小微园区。

2020年8月27日,汇富春天产业园供应链上游采购平台正式上线。工商银行台州市分行联合园方共同举办了启动仪式,现场为入园小微企业提供意向授信2亿元。签约以来,工商银行台州市分行根据园区的办理模式,从供应、管理和信贷等方面为园区提供了相关的服务与产品,在提高园区办公效率的同时也获得了许多数据,通过数字化建设与大数据分析手段,为园区小微企业提供了高效而便捷的金融服务,为推进金融服务数字化奠定了基础。

[①] 《浙江首批五星级小微企业园,台州占了两席》,https://www.sohu.com/a/381121536_99962827。

案例十：工商银行台州分行——"智慧园区"发展数字普惠金融①

工商银行台州市分行与汇富春天产业园签约以来，双方达成紧密的合作意向。工商银行致力于提供融资服务与批量金融服务，为园区企业提供构建贷款、租金贷款与电子供应链业务，持续加大普惠贷款投放力度，提供"融资＋融智＋融商"全面服务。如图 6-1 所示，工商银行提出要加快探索"互联网＋普惠金融"模式，努力在传统模式与网络化变革中找到契合点，进一步丰富线上普惠金融产品；要优化贷款期限，解决"短贷长用"问题，加大中长期流动资金贷款的配置比重，减轻企业转贷压力；要推动信用类贷款的营销推广，通过依靠标准化线上信用类产品来提升信用类贷款占比。加快与税务、海关、烟草等部门的合作，推广经营快贷重点场景，扩大信用贷款客户群体；要支持小微企业园区项目与服务小微企业相结合，为企业入园提供强有力的支持，助力小微企业入园转型。

图 6-1　工商银行、智慧园区与小微企业

案例十一：数字赋能普惠万家②

"赶在员工放假回家前拿到贷款，这个年我能过踏实了。"虎年春节前夕，台州东尼电梯有限公司祝先生收到了 145 万元贷款资金，向工商银行椒江支行客户经理连声道谢。

祝先生是江苏人，来台州做生意近 20 年了。当时，眼看年关将至，供应商催着结清货款，而且自家几十号工人还等着发工资回家过年，祝先生心急如焚。资金周转不开之时，朋友建议祝先生找工商银行椒江支行。工商银

---

①　《台州市银行业保险业小微金改实验室项目成果汇编》，http://www.yunzhan365.com/96024620.html。

②　朱华、孟文、沈力：《工行台州分行为"制造之都"高质量发展注入动力》，《浙江日报》2022 年 3 月 7 日，第 10 版。

行的"税务贷"无须任何抵押和担保,只要依法纳税、诚信经营、信用记录良好,就可以拿到贷款。祝先生在手机上提交贷款申请,很快就收到了贷款。这笔钱帮他顺利结清货款、付清工人工资,安心回家过年了。

为持续深化小微金改工作,工商银行台州分行针对小微企业融资"短频急"的特点,深耕普惠金融,大力推进融资网络化,积极推广"e抵快贷""经营快贷""网贷通"等网络融资产品。同时,依托"后台大数据+前台标准化+智能化"审贷、白名单主动准入等模式,全面优化业务流程、提高贷款效率,为小微企业客户提供在线全流程贷款服务,惠及更多创业者。

在黄岩,为破解科技型小微企业融资困境,工商银行台州黄岩支行与科技局合作,创新性地推出知识产权质押贷款,为抵质押物少、融资难、担保顾虑大的优质科技型企业开拓了一条有效融资通道。

"我最大的感触是,工行的这款产品实实在在是为科技型小微企业量身打造的,真正触及小微科技发展的痛点,切实为我们分忧解难。"台州美多模具财务总监高荷芳说。

发展一个产业,带动一方经济,富裕一方百姓。台州是民营经济强市,也是小微企业大市。作为台州小微金改实验室,工商银行台州分行紧紧抓住台州市小微产业升级的契机,按照标准业务批量做、特色业务专营做的思路,着力打造专营化、小额化、网络化、集群化的小微企业服务新模式。

同时,台州市按照省委、省政府数字化改革的新要求,探索数字金融助农新模式。依托工银集团科技力量,积极帮助各级政府搭载特色应用场景,带动涉农市场主体主动加入"数字农业"建设,比如依托"亲农在线"等平台,拓展与龙头涉农企业、产业协会、集体经济组织的合作,嵌入"兴农贷"系列产品,目前已在柑橘、甘蔗、西兰花、青蟹等种养殖产业取得突破。

该行聚焦政务、民生等应用场景,积极构建智慧金融服务新生态。针对学校、医院食堂用餐场景,推出"智慧点餐"系统,目前,已累计投产"餐管+"项目64个;针对交通出行场景,积极完善ETC停车系统,为医院、高铁站、商场超市等打造"停管+"项目66个;针对生活缴费及其他差异化场景,大力发展包括教育云、党建云、物业云、政务云等各种云服务,提升百姓日常生活的便捷性。

6.2　数字普惠金融助力乡村振兴

乡村振兴战略是习近平总书记于 2017 年 10 月 18 日在党的十九大报告中提出的。十九大报告指出，农业、农村、农民问题是关系国计民生的根本性问题，必须始终把解决好"三农"问题作为全党工作的重中之重，实施乡村振兴战略。

第十三届全国人大常委会第二十八次会议表决通过的《中华人民共和国乡村振兴促进法》，于 2021 年 6 月 1 日起施行。《中华人民共和国乡村振兴促进法》第八章第六十五条指出：国家建立健全多层次、广覆盖、可持续的农村金融服务体系，完善金融支持乡村振兴考核评估机制，促进农村普惠金融发展，鼓励金融机构依法将更多资源配置到乡村发展的重点领域和薄弱环节。在 2021 年 12 月 17 日举办的 2021 中国普惠金融国际论坛上，中国人民银行副行长刘桂平指出："帮助低收入群体迈入中等收入行列，是实现共同富裕、形成橄榄型社会结构的关键。金融应重点考虑如何更好地巩固大众创业、万众创新成果，持续支持小微企业发展，在实现高质量发展中推动就业优先导向政策落地。"

6.2.1　乡村振兴背景下的金融支持与金融体系

近年来，台州市致力于打造乡村振兴战略先行市和示范市，日益构建和完善农村金融体系。当前，城镇与农村的建设发展释放出巨大的金融服务空间，而金融机构可持续发展能力不足，农村金融产品和服务同质化等问题也迫切需要有效的农村金融体系支撑。台州市采取的一系列措施不仅在一定程度上解决了这些问题，还为数字普惠金融的应用实践打下了坚实的基础。

（1）金融支持

台州市各级政府高度重视乡村振兴工作，坚持党管农村工作、农业农村发展、乡村全面振兴、城乡融合发展、农民主体地位、改革创新驱动的原则，全面推动乡村产业振兴、人才振兴、文化振兴、生态振兴、组织振兴，目标是到 2035 年，乡村实现全面振兴，城乡融合发展的体制机制全面完善。

根据乡村振兴战略规划的实施推进，台州城镇化改造和新农村建设不断推进，"城乡二元分割"已明显被"城乡融合"所替代，依据不同细分客群市场的发展定位，可以将其分为城乡建设主要需求、产业客群主要需求、个人零售客群主要需求三大类。在城乡建设主要需求中，要推进新型城镇化建设，开展美丽乡村建设，实现山区 26 县跨越式发展；在产业客群主要需求中，要推进先进制造业产业升级，加快优化农业产业结构，大力发展村级集体经济组织；在个人零售客群主要需求中，客户类型有中小企业主及其中高层管理人员，专业市场经营户和个体工商户，种植、养殖大户和渔民，农村休闲旅游行业人员，外出经商、务工人员，农业转移人口。在这样的背景下，从不同维度满足各个客群对金融服务的需求是助力乡村振兴的关键。

以工商银行台州分行为例，沈维嘉等学者建议：围绕总行、省分行金融支持乡村振兴战略部署，完善市场客群开发、服务触角延伸、人员动能提升、风险管理强化四大策略，实现进一步扩大网点服务的辐射范围，提升综合化服务能力，推动网点经营可持续发展，深度服务乡村振兴，助力推进共同富裕。这要求：充分发挥对公业务长板优势支持城镇建设和产业发展，加快补齐普惠、零售业务在农村市场短板，丰富产品线支持农业现代化、规模化，农民市民化等发展趋势；加强对各类网点的统筹规划，以"物理渠道＋营销队伍＋金融服务点"的模式进一步延伸服务触角；以集镇网点专项计价结合重点产品销售计件方式进行考核，聚焦网点重点业务，进一步发挥指挥棒的作用，激发服务动能；逐步实现客户经理队伍本地化，用好第三方信息验证渠道，坚持择优准入、小额放款的原则，设置尽职免责制度和风险容忍度。

（2）农村金融体系

农村金融是农村经济的血脉，是农业支持保护体系的重要组成部分，是乡村振兴战略中最重要、最关键的资金缓解渠道。农村金融服务乡村振兴可以补齐金融服务实体经济的短板，金融机构服务农业农村也是其履行社会责任的关键环节。完善农村金融体系对助力乡村振兴战略有重要意义：创新农村金融支农模式，激活农村经济发展动力；引导金融资源重点倾斜，维护农村社会和谐稳定；完善农村基础金融服务，优化乡村产业发展环境；培育多层次农村金融供给，提升乡村振兴服务效能；加快农村金融数字化转型，精准对接

"三农"金融需求。

台州市政府部门加大政策支持力度,助推乡村振兴工作。 围绕金融服务保障乡村振兴建设,政府部门加大了政策支持力度。 一是台州市出台多项重要文件,聚焦提高农村普惠金融质量。 《台州农信普惠金融提升工程五年行动计划(2016—2020 年)实施方案》《"服务实体经济、服务乡村振兴"万名金融干部职工进村入企活动方案》《关于金融服务乡村振兴的指导意见》等重要文件助力优化乡村振兴金融服务制度体系。 二是联合金融资本参与乡村振兴,引导金融活水润泽实体经济。 台州市政府与省农信联社签订《金融服务乡村振兴建设合作协议》,浙江农信将在"十四五"期间提供 1000 亿元的乡村振兴领域专项信贷资金,通过政银合作实施构建现代乡村产业体系、培育乡村振兴产业主体等八大助力行动,聚力台州农业农村现代化先行的目标。三是稳步增加财政支农投入,加强涉农财政资金统筹整合。 为了大力实施科技强农、机械强农"双强行动",加快提升乡村产业,全面推进乡村振兴,政府提供金额不等的经费补助和成果奖励,支持设立台州市乡村振兴投资引导基金。 台州市财政局已将金融机构对涉农贷款支持力度纳入市本级财政专户资金竞争性存放的招投标指标体系。 四是着力构建政策性融资担保体系,打造台州模式。 出台《台州市政策性融资担保业务风险补助实施细则》,激励融资担保机构服务小微和"三农"。 建立健全政策性农业信贷担保体系,探索建立对融资担保机构新增涉农担保业务风险补偿机制,对担保方式创新贷款、地理标志证明商标质押贷款给予风险补偿,推出涉农担保风险池和涉农融资辅导专项服务。

台州市的政府监管对引导金融机构支持农业农村优先发展也做出了重要部署。 一是台州市银保监分局持续加大金融保障力度,以制度引导激活主体、要素、各类资源潜能,促进市场有效作用的发挥。 二是中国人民银行台州市中心支行灵活运用货币政策工具,强化政策合力,拓宽助农资金供给渠道。

6.2.2 农发农信——振兴乡村,普惠百姓

长期以来,台州市银保监分局一直致力于做好支农转贷这项工作。 支农

转贷就是指农发行通过选择满足条件的银行业金融机构开展业务合作，由农发行向银行业金融机构提供信贷资金，由合作银行转贷给符合双方约定条件的实际借款人，用于满足实际借款人实施固定资产投资项目或日常运营流动资金需求的人民币贷款。 农发行作为台州市众多银行业机构中唯一一家政策性银行，在监管部门和上级行的大力支持下，在支农转贷中取得较大进展。国务院印发的《推进普惠金融发展规划（2016—2020）》提出"政策性银行以批发资金转贷形式与其他银行业金融机构合作，降低小微企业贷款成本"，农发行系统依照规划，在浙江省与江西省试点支农转贷。 农发行台州分行主动联系省分行，得以将台州分行作为全省2个试点之一。 2020年，农发行获得小微金改实验室立项，其相关工作也得到了台州市银保监分局的支持，支农转贷业务向农商行、村镇银行增量扩面，加大政策性资金支农"最后一公里"的开发。 为了更好地体现惠农效果，农发行自2020年以来，就不断地向上级行争取下调支农转贷加权平均贷款利率，最终在台州市银保监分局的协助下，审批行对台州转贷进行一事一议，将转贷加权平均利率下调至2.87%，显著低于同期银行间同业拆借利率。 台州市农发行积极落实支农政策，努力拓宽合作渠道，将普惠渗透至每项措施之中。①。

同样，在过去5年里，台州市农信行也在服务小微企业、助力乡村振兴、造福百姓民生方面做出了贡献。 在"十三五"期间，台州市农信行涉农贷款新增近600亿元，增幅达81.90%，年均增幅达16.38%；小微企业贷款新增超540亿元，增幅达138.54%，年均增幅达27.71%；5年累计税收入库超70亿元。 走进"十四五"，台州市农信行秉持支农支小初心，不懈努力，坚持做深、做实"小微普惠"和"农户普惠"工作。 疫情暴发以来，小微企业受冲击严重，台州市农信行积极推出"直播＋助农＋电商"的模式，在抖音等平台开展直播以拓宽销售渠道。 长期以来，台州市农信行不断聚焦"三农"问题，将金融资源精准配置到农村经济社会发展的重点领域和薄弱环节，出台农户小额普惠贷款、低收入农户高水平全面小康"百日攻坚"等方案，精准落

---

① 《台州市银行业保险业小微金改实验室项目成果汇编》，http://www.yunzhan365.com/96024620.html。

实农村帮扶工作，扶持农村产业发展；先后推出的"美丽乡村贷""农特产品贷""民宿贷""宜游贷"等产品，已成为当地特色产业发展、农户增收致富的法宝。[①] 在降低融资成本方面，台州市农信行还通过主动调整利率定价等方式，降低小微企业贷款利率。 数据显示，自 2015 年台州市获批小微金改创新试验区以来，台州市农信行已累计下调贷款利率 2.64 个百分点，为客户让利近 35 亿元。 多年来，台州市农信行努力践行"与民企最亲、离百姓最近、做业务最实"的使命，坚守初心做优普惠金融、精准赋能助跑区域经济，在支持实体经济发展、助力乡村振兴、服务民生百姓等方面走出了一条高质量发展的坚实轨迹。 站在"十四五"的新起点，台州市农信行将继续立足"三农"、深耕本土，围绕省农信联社提出的高质量和全方位普惠金融发展目标，持续推进数字化转型工作，在浙江"重要窗口"建设中争当金融标兵，为台州争创社会主义现代化先行市贡献农信金融力量。[②]

6.2.3 台州数字普惠乡村振兴成果

在科技发展、技术水平不断提升的背景下，台州市金融机构不断提升普惠金融的数字化程度，各种创新层出不穷，乡村振兴的成果目不暇接，小微金融的生命力日益增强并反哺民营经济。 凭借台州模式的深化、台州样板的打造、台州板块的推进，各大金融机构加快开展普惠金融服务，在高质量发展阶段不断为客户提供便利的金融服务，解决了涉农小微企业的燃眉之急。

在与新冠肺炎疫情长期斗争的环境下，普惠金融的实践更加受到严峻的挑战，如何坚守普惠初心，为乡村振兴纾困解难，始终是一个值得全金融行业思考的问题。 工商银行台州市分行始终聚焦金融服务乡村这一关键问题，积极承担国有大行的责任，努力发挥国有大行的作用，通过其在资金、数据、科技方面的优势，不断为乡村振兴出谋划策。 同样，农业银行也长期坚持普惠金融改革创新，不断推出各种活动，积极与政府联合探索有效合作机制，切实

---

① 罗亚妮、叶珍英：《台州农信坚守支农支小初心 深耕"三农"沃土践行普惠金融》，《中国农村信用合作报》2021 年 3 月 23 日，第 1 版。

② 罗亚妮、叶珍英：《台州农信：高质量推进全方位普惠金融走深走实》，《浙江日报》2021 年 2 月 6 日，第 8 版。

服务人民群众。

案例十二:全力助推乡村振兴①

2021 年 11 月 10 日,台州花木城与工商银行台州分行合作经营的工银"兴农通"农村普惠金融服务点正式揭牌,这是全省工行系统内首个工银"兴农通"服务点。据了解,工银"兴农通"是中国工商银行推出的乡村金融服务统一品牌,旨在构建全面覆盖农村、农业、农民的乡村金融服务体系,为广大百姓提供贴心、温暖、便捷的服务体验。

"'兴农通'服务点很赞,以前跑银行办卡、办贷款,常常半天时间就花掉了。现在市场里就能办,种植、生意都不耽误。"花木城经营户周先生感慨道,"服务点配备的智能 POS 机等设备,具有收款、转账汇款、便民缴费、贷款申请等功能,操作简便、服务体验很好。"

金融要服务"三农",就必然要结合生产生活场景。对此,工商银行台州分行抓住乡村振兴产业先行的关键点,加大涉农贷款投入,以新金融理念贯穿农业全产业链和全场景,运用工商银行"兴农贷"系列产品,因地制宜地进行探索创新,以满足不同服务对象的资金需求。该行创新的"银担"合作模式,加强与政策性担保公司合作,有效解决了农户、农企融资担保准入难的问题。

在温岭,工商银行通过前期大量走访和实地调研,结合各镇乡村振兴的特点,设计种植产业集群经营快贷,创新推出"甘蔗贷""西瓜贷"等特色农业信贷产品,大力支持全域特色产业发展,以点带面,让更多农户受益。

三门素有"中国小海鲜之乡"的美誉。工商银行针对当地区位优势突出、渔业资源丰富等特点,积极对接当地政府、合作社,推出"养殖贷"等特色金融产品,有效解决了当地水产养殖户资金周转的难题。

"美丽乡村贷""城乡融合贷""共同富裕贷"……在工商银行台州分行,这样的创新案例还有很多。为全面助力乡村振兴,该行加快推进美丽乡村、公共服务、生态环境、基础设施等建设项目以及山区 26 县山海协作飞地、水

---

① 朱华、孟文、沈力:《工行台州分行为"制造之都"高质量发展注入动力》,《浙江日报》2022 年 3 月 7 日,第 10 版。

电设施建设等项目。2021 年,该行新增涉农贷款 74 亿元,余额为 541 亿元,其中普惠型涉农贷款新增 12 亿元,余额为 91 亿元,为台州高质量发展建设共同富裕先行市贡献了重要的金融力量。

案例十三:以"信用红""贷"动乡村振兴①

"最近原材料上涨很快,这 100 万元的贷款真是太及时了!"2021 年 9 月 27 日,台州市鼎隆胶带有限公司的负责人林花行,收到天台县农业银行贷款发放的消息,眉头舒展。

2021 年以来,天台县农业银行深入推进"我为群众办实事"实践活动,与地方政府联合探索政银企村合作新机制,强化"党建＋金融＋信用"举措,开展"信用红"服务行动,用"金融活水"浇灌农村经济,助推乡村振兴,为创业者畅通"金融活水"。

为助力白鹤镇做大做强以袜业、数字经济等为代表的新型工业、建设现代化智慧小城市,天台县农业银行专门提供了 10 亿元的综合授信额度,同时组建"信用红"网格服务队,全面了解企业、群众的融资需求,为乡村振兴精准"把脉"。

"信用红"服务,是该行助力社会信用体系建设的一个抓手。2021 年初,该行制定了《关于联合开展以党建引领"信用红"网格化主题服务行动的实施方案》,整合农行联络员、村两委、党员先锋队、青年志愿者等力量,组成"信用红"网格服务队,并在村办公楼、园区企业张贴"信用红"联络员照片与联系方式,进行公开亮相。通过定期走访,及时对接新农村建设、农业生产和企业发展等融资需求。

该行定期开展"信用红"服务行动,综合评判乡镇中小企业、个体工商户、农户的资信状况、生产经营、还款能力等信息,动态建立"信用红"可授信名单库。同时,发挥小额贷款随用随贷、全年放款的灵活优势,为创业者提供量身定制的"营养套餐"。

---

① 陈晔舒:《以"信用红""贷"动乡村振兴》,《台州日报》2021 年 10 月 11 日,第 1 版。

目前,该行已与白鹤镇北街村、白鹤殿村等 6 个村,开展了"信用红"合作,发放农户贷款、家禽畜牧业贷款、袜业贷等 70 余笔,贷款金额达 1500 余万元。

6.3 本章总结

普惠金融是促进经济发展的关键一环,由此衍生出来的数字普惠也能更大限度地助力普惠金融。 本章阐述了台州市在数字化普惠金融上的创新并将其应用于乡村振兴战略中的实践成果。 多年来,台州市不断深入贯彻落实乡村振兴战略,在顶层政策的引导下,发展普惠金融,惠及乡村百姓;在科技发展、技术提升的背景下,不断提升数字化水平,各金融机构百家争鸣、百花齐放,为台州市普惠金融的发展与数字化都做出了许多贡献。 各金融机构围绕着"普惠"二字,推出了各种方便快捷的产品与服务,举办了各类惠民惠众的活动。 台州市在深化台州模式的同时,也注重打造数字普惠与乡村振兴相协调的金融生态(见图 6-2)。 在这样的金融生态之下,台州市不仅通过数字化手段助力乡村振兴,丰富了台州模式的内涵,而且积累了许多关于数字普惠的新的实践经验与实践方案,解决了许多农村贷款遇到的困难。

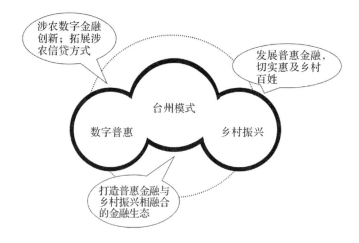

图 6-2 台州模式下的普惠金融与乡村振兴

台州市坚持推动普惠金融的数字化发展与涉农金融服务问题的改革创新，在风险可控的前提下，灵活拓展涉农信贷方式，积极构建涉农信用评价体系，不断推进涉农抵押物改革，为农村金融业的发展提供新的合理做法。

7

结论与建议

2021 年，是"十四五"的开局之年。 面对国内外复杂多变的经济形势与疫情的交叉冲击，出身于草根、成长于市场风浪的台州民营企业，既显现出"咬定青山"的韧性，又通过创新驱动释放蜕变的潜能。 台州正从国家级小微金改创新试验区向示范区加速迈进，在实践中进一步探索小微金改的新路。

本报告依托台州市金融服务信用信息共享平台的微观大数据，分析了2021 年台州小微金融服务发展情况，并总结归纳了台州模式的新内涵。

7.1　主要结论

第一，得益于各级政府和相关部门的大力支持与台州小微企业自身坚韧不拔、创新求变的优良特质，台州小微企业 2021 年整体恢复情况较好。 总体而言，台州小微企业在 2021 年的经营情况除某些月份的季节性波动外，其余时间均处于近 3 年来的高位波动。 其中，批发和零售业企业的注销比例上升、生存周期缩短，但因盲目扩张以致关停的小微企业数量得到一定控制；而受疫情影响较大的文化、体育和娱乐业与住宿和餐饮业在 2021 年第一、第二季度恢复情况最好；同时，政府部门积极出台如减税降费、证照分离等帮扶和改革措施为小微企业的收入和盈利保驾护航。

第二，台州小微金融服务紧扣疫情下的小微企业需求，不断践行金融服务实体的发展理念，助力小微企业复苏，进一步发展台州模式。 2021年台州各金融机构积极出台"减轻还款负担"等措施，从资金帮扶和信用借贷角度助力小微企业复工复产，使得小微企业的贷款余额上升、不良贷款余额下降，保险机构的保费收入回暖转增。 此外，台州小微企业授信需求下降、授信总额下滑，城市商业银行的帮扶效果有所减弱，而农村合作金融机构的小微企业贷款户数跃居第一。

第三，2021年台州小微金融总指数上升趋势较好，小微企业融资压力得到减轻，新增小微企业数量逐渐恢复到与疫情前相同的情况。 在成长指数方面，2021年台州市新设小微企业数量与2020年相比有较大变化。 其中，2月同比上涨4倍多，但5月、6月相比2020年同期有大幅度下跌。 这意味着新增小微企业数量逐渐回到了与疫情前相同的情况。 在服务指数方面，2021年台州银行业控制利率效果良好，在国务院印发的《通知》的影响下，11月和12月全辖合计利率有明显下降，小微企业融资压力得到减轻。 在信用指数方面，2021年台州小微企业不良贷款率和逾期余额均呈现下降态势，其中逾期余额下降尤为明显，同比下降幅度多在40%—60%。 可见该指标发展趋势较好，金融风险总体可控。

第四，台州市不断通过金融科技手段提升普惠金融服务，其金融产品、服务机制的创新以及科技赋能使金融服务逐步实现了信息化、大众化、数字化，进而使更多的金融机构愿意为小微企业与低收入群体提供普惠、风险可控的金融服务。 2021年，台州市打造持续向好的地方金融生态运行机制，推动有为政府与有效市场的对接，始终保持台州作为国家级小微金改创新试验区的活力，为各部门的联动提供了台州经验。 同时，面对大背景下金融风险呈现新的特征以及带来新的风险管控挑战，台州健全金融风险防控机制，提出清廉金融，从新的角度防范金融风险。

第五，台州坚持推动普惠金融的数字化发展与涉农金融服务问题的改革创新，为农村金融业的发展提供可借鉴的台州模式。 截至2021年3月末，台州"两增两控"口径普惠贷款余额为139.87亿元，较上年初新增55.7亿元，较年初新增24.75亿元；普惠贷款客户数达7888户，较年初新增783户。 普惠贷款不良余额为 0.2 亿元,较年初下降 0.04 亿元;不良率为 0.15%,较年初下降 0.06 个百分点。同时,台州在深化台州模式的同时,也注重打造数字普惠金融与乡村振兴相协调的金融生态,不断通过数字化手段助力乡村振兴,丰富了台州模式的内涵,积累了数字普惠金融新的实践经验与实践方案,解决了许多农村贷款遇到的困难。

7.2 未来发展建议

第一,"政策帮扶+多元化"小微金融服务体系助力小微企业纾困。在国内疫情反复、多点散发背景下,抗风险能力较弱的小微企业易受到冲击,极易陷入破产困境。因此,在未来一段时间内,台州仍需要推动完善小微企业的政策支持体系,以小微金融为主要发力点:一方面,通过政策帮扶助力小微企业应对疫情冲击,逐步推动企业生产生活稳步复苏,恢复到疫情前的水平并寻求发展;另一方面,构建多元化小微金融服务体系,发挥资本市场资源配置功能,不断改善小微企业的生存环境,通过多层次的金融扶持为小微企业纾困。

第二,发挥小微金融优势,推进区域多元合作。台州市作为小微金融创新试验区,构建了多元化金融服务格局和组织体系。在国内国际双循环的新发展格局下,台州市可以积极发挥小微金融的优势,推进区域多元合作:一是积极对接国家开放战略,充分发挥台州在民营经济、制造业、小微金融服务等方面的基础优势,高水平推动"引进来"与"走出去",加快打造"一带一路"重要节点;二是积极融入长三角一体化发展,深化与上海市、杭州市、宁波市等的小微金融合作,建设一批高质量、一体化小微金融发展深度融合示范区。

第三,深化市场化改革,推动小微金改向示范区迈进。一方面,台州市可以加强民营经济主体建设,打造"台州商人"企业家品牌。全面落实《浙江省民营企业发展促进条例》,构建亲清政商关系,促进非公有制经济健康发展和非公有制经济人士健康成长,依法平等保护民营企业产权和企业家权益，推动市场主体高质量发展。 另一方面，台州市可以推进国资和民资互促共进。 深化国有企业市场化转型和混合所有制改革，推进国有资本布局优化和结构调整，优化国有企业法人治理结构，健全国资监管机制，提升国有企业资产证券化水平。

第四，加快数字赋能产业转型，推动工业 4.0 标杆城市建设。 随着数字经济时代的到来，数字经济已成为高质量发展的新引擎，把握住数字经济发展先机，就能抢占未来发展制高点。 建设全国小微金融服务创新型城市，推进城市数字化转型，有利于推动台州向示范区迈进。 在巩固提升、推广复制信保基金、信用信息共享平台等成熟的小微金改经验的基础上，台州市可以进一步提升金融服务实体经济能力，构建小微金融数字化支撑体系，搭建数字金融综合服务平台，发展小微企业征信评级机构，数字化助力小微企业"融资难"问题。

第五，构建高层次的企业创新主体，建设高素质的创新人才高地。 拥有一大批优质小微企业和高素质的创新人才是推动台州市小微金融高质量发展的关键。 首先，台州市应加大科技企业梯度培育力度，引导中小微企业走专精特新发展之路，提升企业主体创新能力。 其次，台州市可以通过"引进＋培育"双模式，一方面大力引进高素质领军型人才，另一方面加快培育扎根本土的技术创新人才。 最后，台州市需要持续深化人才体制机制改革，营造全方位最优服务人才环境，实现人才来得了、留得住，为小微金融台州模式未来发展注入新动力。

第六，深化金融安全治理，构建防范化解小微金融风险长效机制。 金融基础设施作为金融生态的核心，为金融市场健康高效运行提供了基础性保障。 台州市应进一步完善地方金融风险防控处置机制，推动政府、机构、群众三方共建金融风险全流程防控体系，坚决守住不发生系统性风险的底线，控制小微企业借贷链和担保链的风险，创建小微金融安全示范区。 同时，台州可以逐步建立完善经济金融涉稳风险监测预警系统，创新推动防控措施向前端治理延伸，从源头上预防金融风险发生的可能，防范化解潜在的金融风险。

附录 A 统计上大中小微型企业划分标准

表 A-1 统计上大中小微型企业划分标准

行业名称	指标名称	计量单位	大型	中型	小型	微型
农、林、牧、渔业	营业收入(Y)	万元	Y≥20000	500≤Y<20000	50≤Y<500	Y<50
工业 *	从业人员(X)	人	X≥1000	300≤X<1000	20≤X<300	X<20
	营业收入(Y)	万元	Y≥40000	2000≤Y<40000	300≤Y<2000	Y<300
建筑业	营业收入(Y)	万元	Y≥80000	6000≤Y<80000	300≤Y<6000	Y<300
	资产总额(Z)	万元	Z≥80000	5000≤Z<80000	300≤Z<5000	Z<300
批发业	从业人员(X)	人	X≥200	20≤X<200	5≤X<20	X<5
	营业收入(Y)	万元	Y≥40000	5000≤Y<40000	1000≤Y<5000	Y<1000
零售业	从业人员(X)	人	X≥300	50≤X<300	10≤X<50	X<10
	营业收入(Y)	万元	Y≥20000	500≤Y<20000	100≤Y<500	Y<100
交通运输业 *	从业人员(X)	人	X≥1000	300≤X<1000	20≤X<300	X<20
	营业收入(Y)	万元	Y≥30000	3000≤Y<30000	200≤Y<3000	Y<200
仓储业 *	从业人员(X)	人	X≥200	100≤X<200	20≤X<100	X<20
	营业收入(Y)	万元	Y≥30000	1000≤Y<30000	100≤Y<1000	Y<100
邮政业	从业人员(X)	人	X≥1000	300≤X<1000	20≤X<300	X<20
	营业收入(Y)	万元	Y≥30000	2000≤Y<30000	100≤Y<2000	Y<100

行业名称	指标名称	计量单位	大型	中型	小型	微型
住宿业	从业人员(X)	人	X≥300	100≤X<300	10≤X<100	X<10
	营业收入(Y)	万元	Y≥10000	2000≤Y<10000	100≤Y<2000	Y<100
餐饮业	从业人员(X)	人	X≥300	100≤X<300	10≤X<100	X<10
	营业收入(Y)	万元	Y≥10000	2000≤Y<10000	100≤Y<2000	Y<100
信息传输业 *	从业人员(X)	人	X≥2000	100≤X<2000	10≤X<100	X<10
	营业收入(Y)	万元	Y≥100000	1000≤Y<100000	100≤Y<1000	Y<100
软件和信息技术服务业	从业人员(X)	人	X≥300	100≤X<300	10≤X<100	X<10
	营业收入(Y)	万元	Y≥10000	1000≤Y<10000	50≤Y<1000	Y<50
房地产开发经营	营业收入(Y)	万元	Y≥200000	1000≤Y<200000	100≤Y<1000	Y<100
	资产总额(Z)	万元	Z≥10000	5000≤Z<10000	2000≤Z<5000	Z<2000
物业管理	从业人员(X)	人	X≥1000	300≤X<1000	100≤X<300	X<100
	营业收入(Y)	万元	Y≥5000	1000≤Y<5000	500≤Y<1000	Y<500
租赁和商务服务业	从业人员(X)	人	X≥300	100≤X<300	10≤X<100	X<10
	资产总额(Z)	万元	Z≥120000	8000≤Z<120000	100≤Z<8000	Z<100
其他未列明行业 *	从业人员(X)	人	X≥300	100≤X<300	10≤X<100	X<10

具体说明:

第一,大型、中型和小型企业需同时满足所列指标的下限,否则下滑一档;微型企业只需满足所列指标中的一项即可。

第二,附表中各行业的范围以《国民经济行业分类》(GB/T 4754—2017)为准。带 * 的项为行业组合类别,其中:工业包括采矿业,制造业,电力、热力、燃气及水生产和供应业;交通运输业包括道路运输业,水上运输业,航空运输业,管道运输业,多式联运和运输代理业、装卸搬运,不包括铁路运输业;仓储业包括通用仓储,低温仓储,危险品仓储,谷物、棉花等农产品仓储,中药材仓储和其他仓储业;信息传输业包括电信、广播电视和卫星传输服务,互联网和相关服务;其他未列明行业包括科学研究和技术服务业,水利、环境和公共设施管理业,居民服务、修理和其他服务业,社会工作,文化、体育和娱乐业，以及房地产中介服务，其他房地产业，等等，不包括自有房地产经营活动。

第三，企业划分指标以现行统计制度为准。

（1）从业人员。采用期末从业人员数。若期末从业人员数据缺失，则采用全年平均人员数代替。

（2）营业收入。工业、建筑业、限额以上批发和零售业、限额以上住宿和餐饮业及其他设置主营业务收入指标的行业，采用主营业务收入；限额以下批发与零售业企业采用商品销售额代替；限额以下住宿与餐饮业企业采用营业额代替；农、林、牧、渔业企业采用营业总收入代替；其他未设置主营业务收入的行业，采用营业收入指标。

（3）资产总额。采用资产总计代替。

附录 B　台州小微金改大事记

1. 2012 年 12 月，浙江省人民政府批复同意在台州市创建浙江省小微金改创新试验区。

2. 2013 年 10 月，浙江省人民政府批准了浙江省小微金改创新试验区的实施方案。

3. 2015 年 12 月，国务院常务会议决定，建设浙江省台州小微金改创新试验区。

4. 2015 年 12 月，浙江省台州小微金改创新试验区在杭州召开新闻发布会。

5. 2016 年 3 月，浙江省台州小微金改创新试验区召开推进大会。

6. 2016 年 3 月，中央电视台《对话》栏目播出《金融助力实体之台州样本》。

7. 2016 年 7 月，《人民日报》头版头条刊登台州破解小微企业融资难的经验和做法。

8. 2017 年 5 月，《关于浙江省台州市小微企业金融服务改革创新试验区建设推进情况》获得李克强总理、张高丽副总理圈阅。马凯副总理批示：浙江省小微企业金融服务改革创新试验区取得了一些积极成果，请人民银行会同有关部门认真总结经验，研究提出金融服务小微企业发展的可复制、可推广的政策措施。

9. 2017 年 9 月，浙江省金融办发文在全省推广台州小微金改经验。

10. 2017 年 9 月,《金融时报》头版刊登《小微企业金融服务改革创新的"台州密码"》。

11. 2017 年 11 月,在全国小微企业金融服务电视电话会议上,台州作为唯一地级市做经验介绍。

12. 2018 年 4 月,台州小微金改做法在中改办《改革情况交流》第 17 期上做全面推广,并获浙江省委书记车俊批示肯定。

13. 2018 年 5 月,中央电视台《走遍中国》栏目播出《台州小微金融上高速》。

14. 2018 年 10 月,泰隆银行在国务院新闻发布会上介绍金融服务小微企业"泰隆模式"。

15. 2018 年 12 月,台州小微金改获省公共管理创新案例评选"十佳创新奖"。

16. 2019 年 6 月,国务院副总理刘鹤在浙江省调研中小银行服务实体经济情况时,充分肯定小微企业金融服务台州模式。

17. 2019 年 6 月,中国银保监会在台州市召开小微企业金融服务经验现场交流会。

附录 C　小微金融指数(台州样本)的构建

(一)指数建立

小微金融指数(台州样本)包含 1 个总指数和成长指数、服务指数、信用指数等 3 个二级指数。 它致力于在经济新常态下,持续追踪和展示小微企业群体生态趋势,描述和揭示小微企业的生存环境,以"数据依赖"取代传统小微企业服务的"经验依赖"。 采用分层构建指数,包括 3 个二级指标,框架如图 C-1 所示。

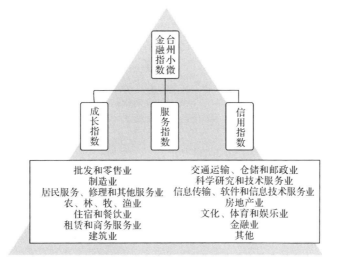

图 C-1　小微金融指数框架

总指数,综合反映台州小微企业发展、小微企业金融服务水平和信用环境。 成长指数,侧重反映小微企业成长状况、盈利状况和未来的发展潜力状况。 服务指数,侧重反映宏观经济发展状况、金融产业发展状况和小微企业金融服务状况。 信用指数,侧重反映小微企业偿债能力情况、不良贷款及贷款违约状况和经济涉案及企业逃废债务状况。

指数是以 2014 年 1 月作为指数基点,按季度计算发布。 之所以选择 2014 年 1 月作为指数基准点,是因为从 2014 年开始,外部环境倒逼机制促进民营企业转型,实现提质升级。

(二)变量筛选

总指数由成长指数、服务指数、信用指数 3 个二级指数合成。 二级指数从现有数据来源中获取(见表 C-1)。

表 C-1　变量的分指标归类

	二级指数	大数据平台采集指标	二次合成的采集指标
总指数	成长指数	销售收入、进口总额、出口总额、应纳税额、入库税额、用电量	新增企业家数、注销企业家数、企业注册资本总额
	服务指数	授信总额、已用授信额度、授信起始日期、授信终止日期、抵押土地资产总金额、土地抵押面积、土地抵押贷款金额、房产抵押债权数额、房地产抵押面积	小微企业贷款余额,城商行、农合行和村镇银行贷款加权平均利率,小微企业贷款覆盖率
	信用指数	不良贷款合同金额、不良贷款余额、不良贷款形态、逾期贷款金额、欠税余额、入库税额	BC 分类结果、税务处罚金额、质监处罚金额、到期授信续签比率

(三)计算流程

指数的计算流程可分为数据准备与机器学习 2 个部分(见图 C-2)。 数据准备部分为指数的计算提供了原材料,机器学习部分是指数计算的核心。

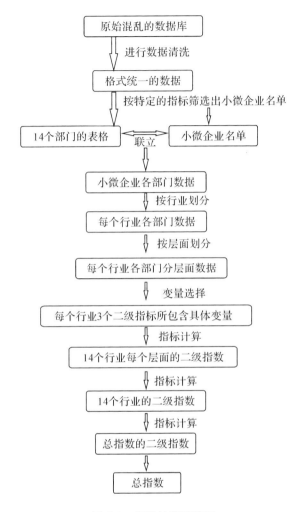

图 C-2　指数计算流程图

1. 数据准备

数据准备的目的是从原始混乱的数据库中提取出有效和有用的数据。 这部分主要使用数据库工具 Oracle 进行。 首先，进行数据的清洗，包括删除重复的数据条目和无效的数据； 调整数据格式，将文本格式转换为数据格式，统一日期格式，统一指标语言。 其次，进行小微企业的筛选，根据销售收入将各个行业的小微企业筛选出来，再与大数据平台的 14 个部门的表格联列，提取出小微企业的数据。

2. 机器学习

机器学习部分主要使用 R 语言编程进行。变量选择的方法是：根据数据内部关系自动生成各个二级指数的变量分布之后，使用路径选择方法将各行业企业按层面计算为 14 个行业的二级指数，再将 14 个行业的指数合成总指数的二级指数，最后将总指数的二级指数合成一级指数。

（四）指数计算

1. 路径漂移模型

小微金融指数的计算是基于利用最新信息 x_{t+1} 的路径漂移模型，基本公式如下所示：

$$y(t+1) = F_{1n}(x_t, y_t \mid S_1, Z_t) + \sigma_{n+1}(x_{\leqslant t+1}, y_{\leqslant t}, Z_{\leqslant t+1})$$
$$= y(t) + \sigma_{n+1}(x_{\leqslant t+1}, y_{\leqslant t}, Z_{\leqslant t+1}) - \varepsilon_{1t}$$

其中，

$$\sigma_{n+1}(x_{\leqslant t+1}, y_{\leqslant t}, Z_{\leqslant t+1}) = F_{0n}(x_t, y_t \mid S_1) - F_{1n}(x_t, y_t \mid S_1, Z_{t-1})$$

$$\varepsilon_{1t} = y(t) - F_{1n}(x_t, y_t \mid S_1, Z_t)$$

上述两个等式能够给出推断性的可能变化过程，用以支持决策。

2. 沿路径 S_t 漂移模型

一是分解为长期趋势和短期波动：$y_t = y_t^l + y_t^s$。

二是长期趋势及其干扰为自回归：

$$y_t^l = y_{t-1}^l + \sigma_t^l + \varepsilon_t^l$$

$$\ln \sigma_t^l = \ln \sigma_{t-1}^l + v_t^l u_t^l$$

三是短期波动异常点及其干扰自回归：

$$y_t^s = \sigma_t^s s_t \varepsilon_t^s$$

$$\ln \sigma_t^s = \ln \sigma_{t-1}^s + v_t^s u_t^s$$

这里异常事件发生概率为：$P(s_t > 1 \mid U = p) = p$，$U \sim U(0, 1)$。

四是给定初始值，即 $\varepsilon_t^l, \varepsilon_t^s, u_t^l, u_t^s \sim N(0, 1)$，$v_t^l, v_t^s \sim U(0, 1)$，$P = p$，估计 $\sigma_t^l, \sigma_t^s, s_t$，通过拟合观察值 y_t。

五是沿路径的自回归模型：

$$y_t = y_{t-1} + \sigma_0^l \exp\left(\sum_{i=0}^{t} v_i^l u_i^l\right) \varepsilon_t^l + \sigma_0^s \exp\left(\sum_{i=0}^{t-1} v_i^s u_i^s\right) \{\exp(v_t^s u_t^s) s_t \varepsilon_s^l - s_{t-1} \varepsilon_{t-1}^s\}$$

本指数主要运用科学的指标体系构建方法，力图全面、及时、有效地反映台州市小微金融运营状况。围绕大样本、广覆盖、高时效的核心要求，深入开展调查研究、测试调整，力求指数编制的理论基础与架构体系科学严密（见图 C-3）。

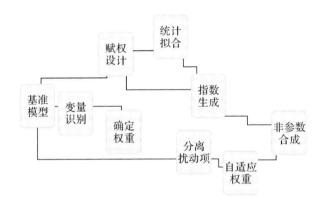

图 C-3　指数生成模型流程图

附录 D　台州市信保中心介绍

（一）台州市信保中心案例介绍

台州市作为国家级小微金改创新试验区，为解决小微企业担保难、担保累问题，于 2014 年 11 月 24 日，在台州市政府的主导下，借鉴中国台湾模式设立了台州信保基金，并成立了台州市信保基金运行中心（下文简称"台州信保中心"）。

1.成立背景

台州的小微企业占据市场主体，但普遍面临融资难、融资贵、担保难等问题。为了解决困境以更好地推动普惠金融发展，台州市政府走上了金融改革之路，以中国台湾信保基金为参考，设立台州信保基金。

（1）台州小微企业融资困境

长期以来，台州小微企业存在融资难、融资贵的问题。小微企业的会计制度不规范、经营透明度低等因素导致银企信息不对称，使银行出现"惜贷"现象，从而导致企业难以从正规金融机构获得融资。此外，虽然有民间担保机构，但小微企业通常无力承担昂贵的担保费用①。

盲目担保、抱团联保致使小微企业存在担保难的问题。由于小微企业普

---

① 何德旭、张雪兰:《信用保证基金模式的设计与思考——浙江省台州市小微企业信用保证基金的经验与启示》,《商业经济与管理》2015 年第 12 期,第 45—51 页。

遍缺乏可用于贷款的抵押资产，因此互保联保成为台州市较为普遍的借贷担保方式。但近年来民间借贷纠纷频发，小微企业不愿加入高风险的担保链中。担保人多出于主观情面提供担保，但往往对借款企业的借款用途和经营现状缺乏足够的了解，一旦借款人无力偿还债务，担保人将承担相应的责任，因此小微企业不愿意替人担保。

（2）小微金改创新试验区

台州市在小微金改的创新之路上已实践多年。2011年，台州市政府形成了把台州市创建为全国小微金改创新试验区的初步设想；2012年，台州市政府组织力量开展了深入的专题研究，形成小微金改创新的总体思路、框架和方案；2012年12月，台州市获批浙江省小微金改创新试验区；2013年10月，浙江省政府向国务院上报台州市创建全国小微金改创新试验区的总体方案；2015年，国务院同意台州市建设国家小微金改创新试验区。台州信保基金的设立正是台州小微金改在实践探索中的一大亮点。

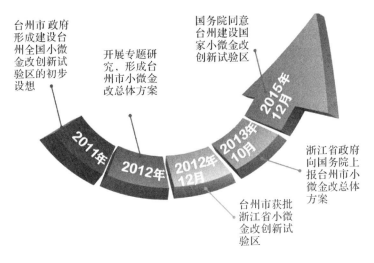

图 D-1　浙江省台州市小微金改创新试验区进程

（3）中国台湾模式的借鉴

中国台湾地区的中小企业是台湾经济的主力军，为其经济的发展做出了重要的贡献，但其发展同样受到担保难、融资难的限制。为了改善中小企业的融资环境，台湾地区于1974年设立了中小企业信用保证基金，以扶持担保不足但有发展潜力的中小企业。 至今，台湾地区中小企业信保基金已取得显著的绩效，一再获得国际好评。

台州市与台湾地区具有高度相似的经济结构与环境。 为了摆脱小微企业担保难的困境，台州市政府以海峡两岸小微金融发展论坛为契机与台湾地区展开交流，充分借鉴台湾信保基金的成功经验，成立了台州信保中心。 台州信保中心效仿台湾模式，坚持政府的主导地位，采用市场化的运作方式，与银行密切合作并分担风险，收取较低的保费以保证内部基金的长效运作，加大政府支持力度，并拓展资金来源。

2.基本情况

（1）成立之初

经过多方努力，2014 年 11 月 24 日，台州信保中心正式成立，它开创了我国地级市政府与合作银行共同出资成立政策性信用保证基金的先河。

台州信保中心的服务对象为优质成长型小微企业，采用间接担保的方式运行，风险由信保基金与合作银行共同承担。 初始合作银行共有 7 家，分别为台州银行、浙江泰隆商业银行、浙江民泰商业银行、椒江农村合作银行、黄岩农村合作银行、路桥农村合作银行和浙商银行台州分行。

（2）资金来源

台州信保基金初始规模为 5 亿元，由政府出资和金融机构、其他组织捐资组成，其中台州市、区两级（包括台州湾循环经济产业集聚区和台州经济开发区）政府出资 4 亿元，7 家合作银行捐资 1 亿元。

第二期信保基金规模预计将从初创的 5 亿元增至 15 亿元，其中包括政府出资 12 亿元（浙江省政府出资 5 亿元）、银行捐资 3 亿元。

（3）组织架构

成立初期，台州信保中心的人员为 11 人，现已发展为 72 人。台州信保中心设立理事会，实行理事会领导下的总经理负责制。理事会负责制定基金的战略规划、经营目标、重大方针和管理原则等，并设有审核委员会。信保中心实施法人治理和企业化管理。台州市人民政府金融工作办公室负责其日常管理如图 D-2 所示。

3.核心内容

台州信保中心以间接担保的方式展开日常业务，并结合相关政策及行业需求，推出了专项服务产品。

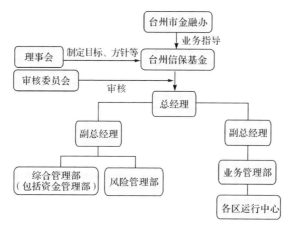

图 D-2　台州市信保中心组织架构①

（1）间接担保

台州信保中心采取间接担保的方式，即由银行协助借款人向信保中心申请基金担保，经信保中心审核同意后，银行发放贷款。一旦担保贷款出现风险，信保中心和银行将按 4 : 1 的比例承担损失。（见 D-3）

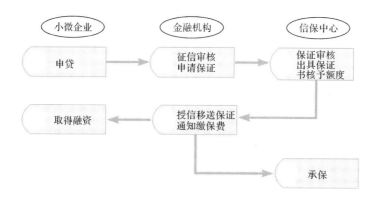

图 D-3　间接担保流程图

① http://www.tzxbjj.com/articlelist2.aspx? pid＝230。

(2)专项产品

台州信保中心除了常规的担保业务外,还推出了专项服务产品。

特定群体专项产品。 台州信保中心根据市政府对高层次人才的"500精英计划"扶持政策,出台了"500精英计划"专项产品;根据政府对创业人群的创业担保贷款政策,推出了创业担保贷款专项产品,涉农创业人群和大学生创业人群等可享受零费率。 该专项产品于2016年11月3日推出至今,累计担保授信2.14亿元,在省内排名领先。

特定政策专项产品。 针对"三农"群体研发出的农户担保贷款产品,自2018年6月推出以来至2019年12月末,累计承保27.27亿元,服务农户7727人,户均在保30.81万元。 计划到年底在保余额达20亿元,户数达6500户,其普惠服务"三农"群体效果显著。

特定企业专项产品。 台州信保中心结合台州市金融办扶持企业培育上市的相关政策,推出了"省股交中心台州小微板"专项产品,近期还对接台州市市场监管局推出了"守合同重信用"专项产品;对接台州市金融办推出"上市企业"专项产品。

特定行业专项产品。 台州信保中心定制了模具行业的专项产品,水泵行业专项产品即将推出,也将陆续着手调研其他县(市、区)支柱产业专项产品。

特殊业务服务产品。 针对企业抵押品不能全额抵押的问题,根据合作银行的业务需要,推出不动产余值担保产品,使企业不动产抵押业务能按评估价足额获得融资。

4.业务发展

成立至今,台州信保中心的业务规模不断扩大,同时展开了合作银行和区域的扩容活动。

(1)担保业务发展迅猛

截至2019年12月末,台州信保中心累计担保授信33245笔,承保金额332.95亿元,服务企业19011家,在保余额达97.94亿元。 台州信保中心的业务翻倍增长。 台州信保中心在台州市对小微企业担保比率金额占57.18%,户数占25.24%。 (见表D-1)

表 D-1　2015—2019 年台州信保中心在保余额变化

年份	在保余额/亿元	年增长率/%
2015 年	11.44	
2016 年	26.82	134.44
2017 年	52.84	97.02
2018 年	75.96	43.75
2019 年	97.94	28.94

同时，信保基金作为金融工具，实现了担保放大的杠杆作用。当前国内担保行业的平均担保放大倍数为 2.2 倍，国外成熟的信保机构担保放大倍率一般是 10 倍，在日本可实现 60 倍[①]，台州信保基金实现了首期注册资金的 10 倍放大。

（2）合作银行快捷建立

按照台州信保中心现有的运行规则，合作银行有 2 种模式：一是捐资合作，即银行捐资给信保基金，并形成业务合作；二是非捐资合作，即银行仅与信保中心进行业务合作。

在台州信保中心成立初期，共有 7 家捐资银行。2016 年，台州信保中心提出大力引导更多的银行参与信保合作，将可参与银行从捐资银行拓展到非捐资银行，台州信保中心将合作银行从原来的 7 家地方性银行扩展为其他所有银行业金融机构。截至 2016 年底，台州信保中心已与 18 家银行达成合作意向。2017 年 12 月，随着交通银行台州分行与台州信保中心签订合作协议，台州信保中心的合作银行数量达到 24 家。2018 年，新增 2 家捐资银行。至 2019 年 8 月底，又新增 1 家合作银行。至此，台州信保中心的合作银行共有 27 家，其中捐资银行达到 16 家，实现了台州农信系统全覆盖。（见图 D-4 ）

---

①　王旭红：《中小企业信用担保机构制度的设计原理及理论再研究》，《湖南财经高等专科学校学报》2006 年第 2 期，第 63—65 页。

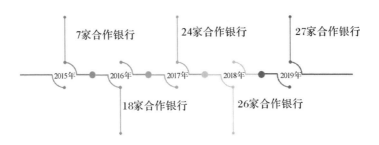

图 D-4 台州信保中心合作银行发展时间轴

（3）服务区域全市覆盖

2014 年，台州信保中心的服务范围为椒江区、黄岩区、路桥区 3 区。2016 年，台州信保中心的覆盖面扩大到温岭市、临海市和玉环市等区域，并且分别设立了信保分中心。

2017 年，三门县分中心正式授牌。 2017 年底，台州信保中心打通最后一个区域，在天台县设立分中心。 至此，台州信保中心实现了台州市域全覆盖。

（二）台州信保中心运作机理

台州信保中心作为政策性担保平台，在其运营体系、业务模式和风险控制等方面有别于融资性担保公司。 基于市场化的运作理念，台州信保中心与其他各主体之间的运营关系、具体业务模式及流程、对风险的防范与控制共同构成了其独特的运作机理。

1.运营体系

目前，台州信保中心已具备较为完善的运营体系，政府为信保基金注资，合作银行为其寻找客户并在取得授信后发放贷款，省担保集团与信保基金实行再担保和担保代偿机制，小微企业获得贷款后具有间接增加税收、促进就业、促进经济发展的作用。 （见图 D-5）

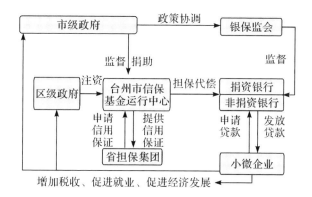

图 D-5　台州信保中心运营框架图

（1）政府主导

台州市政府主导台州信保基金的成立，并积极推动建设信用担保体系，由市政府、区政府共同为其注资。台州信保基金体现了政府为企业提供增信服务的准公共产品的服务，代表政府对企业的一种帮助举措。

（2）服务对象

台州信保中心的服务对象为优质成长型小微企业，延伸至个体工商户及农户个体。通过与商业银行的合作，帮助银行开拓业务，开发边缘客户，从而实现服务小微企业的目的。

台州信保中心的服务范围包括台州市本级（台州湾循环经济产业聚集区和台州经济开发区）、台州主城区（椒江区、黄岩区、路桥区）、台州县级市（临海市、温岭市、玉环市）、台州县区（三门县、天台县等），区域的全覆盖推动着普惠金融服务发展。

（3）业务监管

台州市政府作为出资部门，参与信保基金运行的监管。银保监会结合政府政策，出台相应的措施指导金融机构妥善解决小微企业的信贷问题。规范担保业务经营行为，为银行的放贷业务提供政治保障，推进信保中心与银行的合作，深入破解小微企业担保难题。

2.业务模式

台州信保中心的具体业务模式为：企业向银行提出贷款申请，经银行初步审核后提交给台州信保中心，台州信保中心通过内部审核出具保证书，最后由银行向企业发放贷款。 即：台州信保中心间接为企业提供担保，为银行提供代偿，保费由银行代为收取，如图 D-6 所示。 政银融合互惠互利，合力破解小微企业融资难题。

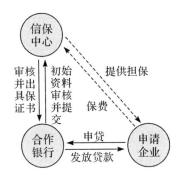

图 D-6 台州市信保中心业务流程图

(1)市场化运作

通过银行的市场营销获得客户。 台州信保中心采用间接担保的方式，由银行直接挖掘客户，因为银行对客户市场更为了解且更具经验。

借助银行间的市场竞争，提高对小微企业的融资服务水平。 不同类型的银行吸引不同层次的小微企业，从而实现业务分流。 这一现象将推动银行进一步提升对客户的服务水平，以及对潜在客户的挖掘动力。

利率市场化。 银行间通过利率的高低竞争客户，利率市场化也成为小微企业融资贷款的一大福音。

(2)公益性平台

台州信保基金为小微企业降低融资费用，体现其公益性。

台州信保中心的担保费率目前定位在 0.75%，远低于台州融资性担保机构的担保费率(见表 D-2)。 台州信保中心收取的保费主要用于经营成本，包括支付再担保保费、职工薪酬及日常运营开支等。 对于政府扶持的特定行业、企业与特殊人群，甚至采取零收费的方式。

表 D-2　各担保机构保费比较

	台州信保中心	国有担保公司	一般担保公司	台湾信保基金
保费	0.75％	1.5％	2％—3％	0.75％—1.5％

另外，台州信保中心设置了合作银行的贷款利率上限，使其提供较低的信用贷款利率，从而解决企业融资贵的问题。

（3）规范化流程

台州信保中心在审核过程中，根据小微企业的特点，不仅注重财务报表的内容，同时也将重点放在核实企业的销售、纳税、征信及其他"软信息"上，建立业务审核的"三查询"（央行征信系统查询、全国法院被执行人信息查询、台州市金融服务信息信用共享平台查询）、"五核实"（核实主体资格、核实经营状况、核实信用状况、核实资产状况、核实申请业务状况）流程。

3. 风险控制

在风控方面，台州信保中心采用了系统的风险控制技术，以及较为完善的代偿机制。（见图 D-7）

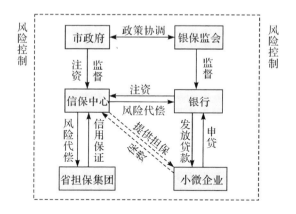

图 D-7　台州信保中心风险控制

（1）风控原则

台州信保中心按照总额控制、市县联动、统分结合、权责对等的运作模式，借助四大风险控制方式来控制基金保证额度。

总额风险控制。　台州信保中心提供的银行信用保证额度按照不超过基金净值的 10 倍放大。

合作银行单独风险控制。 捐资银行按不超过捐资额的 60 倍使用基金保证额度。 所有非捐资银行信保业务在保余额的总和按一定上限予以控制。

风险控制体系统分结合、相对独立。 金融机构出现一定程度的代偿后，可采取警示、暂停新增业务等措施，具体的代偿风控指标及措施由台州信保中心根据每年实际情况报理事会同意后予以执行。 遵循逆周期的操作思路，适当扩大风险容忍度。

建立信保基金风险责任追究制度，防范台州信保中心、银行、借款人的道德风险。

(2) 风险代偿

台州信保中心为企业提供担保后，与省担保集团进行再担保，向其缴纳 40％的保费收入，省担保集团将为台州信保中心代偿 50％的金额。 同时，台州信保中心与合作银行按照一定的比例代偿。 为了保证内部资金的可持续性，台州信保中心向企业收取 0.75％的担保费。 这一制度可降低合作银行因担保产生的道德风险，保障银行在担保贷款业务上做好风控管理工作，提高担保贷款业务的安全性。 （见图 D-8）

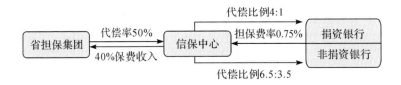

图 D-8　风险代偿流程图

风险共担。 台州信保中心与银行采取风险共担模式，一旦出现损失，台州信保中心与捐资银行的风险承担比例为 4：1，与非捐资银行的风险承担比例为 6.5：3.5。

风险分担。 台州信保中心与省担保集团建立合作，符合要求的台州信保中心业务将在限额内由省担保集团再担保，若台州信保中心产生了代偿，省担保集团将为其分担 50％的风险，有效地增强了台州信保中心的抗风险能力。

风险补充。 为了调控地区和银行之间授信担保额的不平衡，也为了防范道德风险的产生，县（市、区）政府、银行分别在基金代偿金额达到出资及捐资金额的 50％时，及时进行信保基金的补充。

（3）风险分担机制

台州信保基金自成立以来，在多方面实行风险分担机制。 政府带领引导，积极推动金融机构参与，充分发挥普惠金融对实体经济发展的保障作用。

政府与银行出资分担。 台州市、区两级政府与银行按照 4∶1 共同出资。预计二期资金将扩容至 15 亿元，银行出资 3 亿元，省担保集团和台州市政府共同承担 12 亿元(省担保集团出资 5 亿元)。

台州信保基金与省担保集团的代偿分担。 台州信保基金向省担保集团缴纳 40％的保费收入，省担保集团为台州信保基金提供再担保，分担 50％的风险。

（4）逆向选择和道德风险

信保基金防范逆向选择。 当银行向借款企业提出超过一定水平的担保要求时，实际上削弱了借款企业的还款能力，反而给银行带来更大的风险，得到的回报也更少，这时便出现了逆向选择。 台州信保基金通过一系列限制银行的措施来避免逆向选择：银行与信保基金合作的贷款项目不得追加第三方担保，且对贷款利率进行限制。 其中，台州信保基金规定捐资银行的利率上限为 8.5％，非捐资银行的利率上限为 6.5％。

信保基金规避道德风险。 由于信保基金无法得知企业获得贷款后的行为，此时信保基金便面临着道德风险。 为了规避道德风险，台州信保基金设立了风险预警机制，即当银行出现一定程度的代偿后，台州信保基金会采取警示、暂停业务等措施督促银行加强对借款企业的监督。

附录 E　台州小微企业恢复指标体系与指数编制方法

（一）指标体系构建

1.指标体系设计原则

构建台州市小微企业综合恢复指数，从而进行科学有效评价的前提是设计一个完整、有效的综合评价指标体系。为科学、有效地体现台州市小微企业的恢复状况，本章节参考《综合评价指标体系的设计原则与构建流程》一文①，结合研究问题的实际情况，遵循以下原则进行台州市小微企业综合恢复指数指标体系的构建，多层次、全方位地对台州市小微企业的恢复状况进行评价。

科学性原则。衡量企业经营状况的指标体系往往结合企业经营的风险性、管理效率、盈利能力和经营扩展等方面进行多维度综合评价。②而新冠肺炎疫情期间企业经营遭遇不同程度和不同类型的困难，采用多维度综合指数受到其他因素干扰较大且不易量化比较，无法统一、客观地体现台州市小微企业的整体经营状况。因此，报告从企业的核心问题——盈利能力出发，通过收入、支出及现金流 3 个方面进行企业经济效益的评价，从经济效益角度

---

①　彭张林、张爱萍、王素凤等：《综合评价指标体系的设计原则与构建流程》，《科研管理》2017 年第 1 期，第 209—215 页。

②　丁立宏：《略论商业企业经营状况的总评价》，《经济与管理研究》1998 年第 4 期，第 49—51 页。

构建恢复指数。

完备性原则。 本章旨在从企业经济效益角度研究台州市小微企业在受到新冠肺炎疫情冲击后的恢复状况，故选取的评价指标能真实地体现和反映综合评价的目的。 具体而言，选取的指标涵盖了衡量企业收支情况与风险的基本内容，具有一定的类别性与层次性。

可行性原则。 指标体系中的数据来自台州市金融服务信用信息共享平台，涵盖台州市小微企业的税务、不良贷款等信息，数据真实可靠，且易于量化比较。

独立性原则。 独立性原则要求每个指标内涵清晰，尽可能地相互独立。同一层次的指标间应尽可能地不重叠、不互为因果、不相互矛盾，保持较好的独立性。

时效性原则。 在构建指标体系时，考虑到编制指数的目的是衡量台州市小微企业在疫情发生第二年的恢复情况，指数的构建具有很强的时间限制，即新型冠状病毒肺炎疫情发生。 因此，需要对疫情发生前后的数据加以对比，从而判断小微企业的恢复情况。

为了全面、科学、客观、准确地反映台州市小微企业恢复情况，本章节分别在收入、支出、现金流 3 个三级指标下，选择了包括企业月度销售收入信息、人民币跨境收支信息、不良贷款信息、税务信息等数据在内的 5 个四级指标，较为全面地体现了台州市小微企业的经营状况。 分层构建小微企业恢复指数体系，框架如表 E-1 所示。

表 E-1　台州小微企业恢复指数的指标结构

一级指标	二级指标	三级指标	四级指标
恢复指数	经营指数	收入	x_1：销售收入
			x_2：收款总金额
		支出	x_3：付款总金额
			x_4：已缴税额
		现金流	x_5：逾期余额

2.指标解释

（1）收入

广义收入包括企业日常活动及其之外的活动形成的经济利益流入，是企业盈利能力的一个重要体现。 报告构建的收入指标包含销售收入、人民币跨境收入的收款总金额2个四级指标。

①销售收入

销售收入是指企业通过产品销售或提供劳务所获得的货币收入，以及形成的应收销货款。 这一指标能够反映企业生产经营活动状况，直接体现了企业经营的整体状况。

②人民币跨境收入的收款总金额

受新冠肺炎疫情和逆全球化潮流的影响，2020年以来，国际贸易遭受重创，而台州跨境电商却实现逆势增长，其2020年跨境出口额位居全省第一。此外，中国对外贸易规模已相当大，对外贸易收支对我国经济的影响也逐步增加。 因此，将人民币跨境收入的收款总金额纳入"收入"这个三级指标中具有较大意义。

三级指标"收入"包含的2个四级指标与企业经营情况均呈正向关系。

（2）支出

支出是指企业在生产经营过程中为获得另一项资产、为清偿债务所发生的资产的流出，是体现企业生产经营情况的重要方面。 报告构建的支出指标包含人民币跨境支出的付款总金额以及已缴税额2个四级指标。

①人民币跨境支出的付款总金额

随着人民币支付货币功能的不断增强，人民币跨境收入与支出带来的影响逐渐扩大。 和人民币跨境收入一样，人民币跨境支出是对外贸易的重要内容，在全球化的今天对我国经济具有较大影响。

②已缴税额

已缴税额是指已经缴纳的税额。 企业纳税项目中的已缴税额是企业支出的重要方面，是描述企业经营情况的重要指标，体现了企业在过去一个时间段内的经营、盈利情况。

三级指标"支出"包含的2个四级指标与企业经营情况均呈正向关系。

（3）现金流

现金流是衡量企业经营状况是否良好、是否有足够的现金偿还债务、资产的变现能力是否良好等方面非常重要的指标，决定了企业资信。受新冠肺炎疫情的影响，企业的盈利能力和抵御风险的能力都受到了极大挑战，资金储备及现金流就显得格外重要。报告构建的现金流指标中包含不良贷款中的逾期余额1个四级指标。

不良贷款中的逾期余额是指借款合同约定到期未能归还的贷款。企业偿债能力太低是产生逾期余额的一个重要客观原因，且偿债能力和企业经营效益直接挂钩。当企业资金流动性较差时，会出现未能及时还贷的情况。

因此，这个指标可以在一定程度上体现企业的资金流动性。指标的数值越大，说明企业经营情况越差，即三级指标"现金流"下的四级指标逾期余额与恢复指数呈负向关系。

（二）指数编制

1. 数据来源

本附录所用数据来自台州市金融服务信用信息共享平台。选取2019年1月至2021年11月的台州小微企业为样本，数据涵盖了企业月度销售收入信息、人民币跨境收支信息、不良贷款信息等5个指标，较为全面地体现了台州市小微企业的经营活动状况。

2. 数据处理

（1）缺失值处理

由于数据导出的问题，部分指标存在一定程度的缺失。销售收入缺少2020年9月和2021年1月的数据，已缴税额缺少2020年9月的数据，付款总金额、收款总金额均缺失2020年10月的数据，逾期余额缺失2020年10月的数据。报告采用均值填充法，利用缺失数据月份前后一个月数据的平均值进行缺失值填充。

（2）指标预处理

在综合评价中，涉及的指标数较多，各指标的含义及其数值的差异也较大，对评价目标的正负向影响也不尽相同。为使综合评价的结果客观、合理、可比,就必须对原始数据进行指标类型一致化和指标无量纲化的预处理。[1]

逾期余额指标与企业经营情况呈反向关系,因此需要对这项指标进行正向化处理。 常用的无量纲化方法有中心化处理、极差化处理、极大化处理、极小化处理、均值化处理等。 报告采用极差变换法进行指标数据处理,同时实现指标正向化与无量纲化。

正向指标:

$$r_{ij} = \frac{x_{ij} - \min(x_j)}{\max(x_j) - \min(x_j)}, \quad i=1,2,\cdots,m, j=1,2,\cdots,n$$

逆向指标:

$$r_{ij} = \frac{\max(x_j) - x_{ij}}{\max(x_j) - \min(x_j)}, \quad i=1,2,\cdots,m, j=1,2,\cdots,n$$

其中, x_{ij} 为未经处理的数据, r_{ij} 为无量纲化处理后的数据, m 为样本数, n 为指标个数。 将以上归一化函数记作 $N(\cdot)$ 。

3. 指数的编制

(1) 恢复指数的定义

为了研究台州市小微企业在新冠肺炎疫情冲击下的恢复情况,本报告从企业经济效益这一角度进行台州市小微企业恢复指数的构建。 为减少节日效应、周末效应及月底效应带来的干扰,本报告选取台州市小微企业月度数据进行指数的编制。 简而言之,二级指标"经营指数"定义为归一化后的 5 个指标的加权总和。 恢复指数定义为 2021 年经营指数与对比年份的同比指数。为了更好地描述台州市小微企业的恢复情况,本报告选择 2019 年(疫情发生前一年)与 2020 年(疫情发生第一年)作为对比年份。 经营指数的数值取值范围为 0—100,数值越大,说明经营情况越好。 恢复指数的数值取值大于等于零,以 100 为分界线,大于 100 则说明相比对比年份同期经营指数有所增长,高于 100 的幅度越大,说明经营指数上涨越多,恢复情况越好。 值得一提的是,本报告构建的恢复指数只在与 100 或其他月份的数值进行比较时才具有

---

[1] 郭亚军:《综合评价结果的敏感性问题及其实证分析》,《管理科学学报》1998 年第 3 期,第 30—37 页。

意义，而不具有经营情况具体增长幅度的含义，即当恢复指数为 200 时，并不意味着经营指数翻倍。

$$R_{2019,t} = \frac{JYZS_{2021,t}}{JYZS_{2019,t}} \times 100，t = 1，\cdots，12$$

$$R_{2020,t} = \frac{JYZS_{2021,t}}{JYZS_{2020,t}} \times 100，t = 1，\cdots，12$$

$$JYZS_{year,t} = \sum_{i=1}^{5} weight_i \times N(X_{i,year,t}) \times 100，t = 1，\cdots，12$$

其中，$X_{i,year,t}(i = 1，\cdots，5)$ 分别表示所使用的 5 个指标，$N(\cdot)$ 表示归一化处理函数。$weight_i$ 为第 i 个指标的权重。$R_{2020,t}$、$R_{2019,t}$ 分别表示对比对象为 2020 年与 2019 年的 2021 年 t 月的恢复指数。$JYZS_{year,t}$ 代表 $year$ 年 t 月的经营指数。

（2）恢复指数的计算

常见的指数编制方法有专家评判法、层次分析法、变异系数法、熵值法、主成分分析法等主观和客观方法。　主观赋权法能较好地体现评价者的偏好，而在此使用能够根据倾向，有针对性地反映恢复情况和经营情况。

其中，层次分析法是 20 世纪 70 年代初美国运筹学家 Saaty 提出的一种决策方法。　层次分析法将与决策有关的元素分解成目标、准则、方案等层次，形成有序的递阶层次结构，并在此基础之上进行定性和定量分析，具有系统、灵活、简捷的优点。①

运用层次分析法构建台州市小微企业恢复指数评价体系：

步骤一　建立递阶层次结构模型

根据前文所述，构造台州小微企业恢复指数评价体系，如图 E-1 所示。

---

① 汪应洛：《系统工程》（第 2 版），机械工业出版社 2003 年版，第 130—140 页。

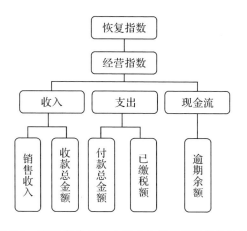

图 E-1　2021 年台州市小微企业恢复指数评价体系

步骤二　构造各层次中的所有判断矩阵

判断矩阵由判断值构成，是下一层 2 个元素相对于上一层而言的相对权重值。2 个元素可分别设为 i，j，相对权重值设为 a_{ij}，元素的数量设为 n，则判断矩阵可设为 $A = (a_{ij})_{n \times n}$，其中 a_{ij} 的赋值可采用多种方法，如专家评判法等，一般采用 1—9 标度进行赋值。例如，在收入指标下，销售收入相对于收款总金额明显更重要，则给销售收入相对于收款总金额的判断值赋予 5，收款总金额相对于销售收入的判断值则为 1/5。销售收入和收款总金额相对于本身的重要性相同，因此对角线元素为 1。

表 E-2　1—9 标度赋值

标度	含义
$a_{ij} = 1$	指标 i 和指标 j 具有同等重要程度
$a_{ij} = 3$	指标 i 比指标 j 稍微重要
$a_{ij} = 5$	指标 i 比指标 j 明显重要
$a_{ij} = 7$	指标 i 比指标 j 非常重要
$a_{ij} = 9$	指标 i 比指标 j 极端重要
$a_{ij} = 2,4,6,8$	指标 i 比指标 j 的重要度取其相邻判断的中间值，如 $a_{ij} = 4$，介于 3 和 5 之间，说明指标 i 比指标 j 的重要程度比稍微重要高，比明显重要低

根据上述构造方法，对恢复指数的判断矩阵进行构造。由三级指标收

入、支出和现金流的相对重要性，构造如表 E-3 所示的判断矩阵。

表 E-3　台州小微企业恢复指数评价体系判断矩阵

	收入	支出	现金流
收入	1	4	2
支出	1/4	1	1/2
现金流	1/2	2	1

三级指标收入、支出下的判断矩阵分别如表 E-4、表 E-5 所示。

表 E-4　收入判断矩阵

	销售收入	收款总金额
销售收入	1	5
收款总金额	1/5	1

表 E-5　支出判断矩阵

	付款总金额	已缴税额
付款总金额	1	3
已缴税额	1/3	1

步骤三　一致性检验

当判断矩阵的最大特征值 $\lambda_{\max} = n$ 时，说明矩阵具有完全一致性，易证二维判断矩阵都具有完全一致性，因此判断矩阵 A_1，A_2 均通过一致性检验。而当矩阵维数大于 2 时，无法做到完全一致性，此时仅需做到相对一致性即可。

首先需要计算一致性指标 CI(Consistency Index)：

$$CI = \frac{\lambda_{\max} - n}{n - 1}$$

通过平均随机一致性指标表查找随机一致性指标 RI，计算一致性比例 CR (Consistency Ratio)：

$$CR = \frac{CI}{RI}$$

当 CR＜0.1 时，认为判断矩阵的一致性是可以接受的，否则应对判断矩阵做适当修正。 查表得，$n=3$ 时，RI＝0.58。 经计算，判断矩阵 A 的最大特征值约为 3，CR＜0.1，通过一致性检验。

步骤四　权重确定

计算元素对目标的权重与各层要素对系统总目标的合成权重：

$$AW = \lambda_{max}W$$

同上，λ_{max} 为判断矩阵的最大特征值，W 为判断矩阵最大特征值对应的特征向量。 将 W 的分量进行归一化处理得到权值向量。

经计算得到最终评价权重，如表 E-6 所示。 根据以下权重，将各指标某月的归一化同比指数加权求和，即可得到该月的恢复指数。

表 E-6　台州小微企业恢复指数指标权重结构

一级指标	二级指标	三级指标	四级指标	各指标对总目标权重
恢复指数	经营指数	收入（57%）	x_1：销售收入（83%）	48%
			x_2：收款总金额（17%）	9%
		支出（15%）	x_3：付款总金额（75%）	11%
			x_4：已缴税额（25%）	4%
		现金流（28%）	x_5：逾期余额（100%）	28%

参考文献

［1］陈晔舒. 以"信用红""贷"动乡村振兴［N］. 台州日报，2021-10-11
（1）.

［2］陈玲玲，章海英. 三门："贷款码"搭建银企"对话"桥梁［N］. 台州日
报，2021-05-07（2）.

［3］丁立宏. 略论商业企业经营状况的总评价［J］. 经济与管理研究，1998
（4）：49-51.

［4］方匡南，范新妍，马双鸽. 基于网络结构 Logistic 模型的企业信用风险
预警［J］. 统计研究，2016，33(4)：50-55.

［5］方匡南. 基于大数据的小微企业信用风险测度研究［N］. 中国信息报，
2021-11-25(7).

［6］方匡南. 高水平科技创新需要强化金融支持［EB/OL］.（2022-03-14）
［2022-11-24］. https：//news. 10jqka. com. cn/20220314/c637436382.
shtml.

［7］方匡南. 大数据与人工智能提升小微企业金融服务研究［EB/OL］.
（2021-10-25）［2022-11-24］. http：//field. 10jqka. com. cn/20211025/
c633614297. shtml.

［8］方匡南，杨阳. SGL-SVM 方法研究及其在财务困境预测中的应用［J］.
统计研究，2018，35(8)：104-115.

［9］葛星星，张露欣. 将清廉建设融入发展——台州银行：厚植清廉金融文化

　　根基 [N].台州日报， 2021-04-23(1).

[10] 郭峰， 王靖一， 王芳， 等.测度中国数字普惠金融发展：指数编制与空间特征 [J].经济学(季刊)， 2020， 19(4)：1401-1418.

[11] 郭天宇.从 "试验区" 迈向 "示范区" ——小微金改的 "台州经验"[N].台州日报， 2022-02-13(1).

[12] 郭亚军.综合评价结果的敏感性问题及其实证分析 [J].管理科学学报，1998(3)：30-37.

[13] 胡文雄，周子凝.台州小微金融四十年发展历程 [N]. 台州日报，2019-01-23(5).

[14] 胡亦心.浙江台州 "小微金改实验室" 启动 62 个项目即将运行 [EB/OL].(2020-08-31)[2022-04-26]. http：//www. zj. chinanews. com.cn/jzkzj/2020-09-01/detail-ifzzpnua3714112. shtml.

[15] 廖理，谷军健，袁伟，等.新冠疫情导致小微企业生存率下降 [J].清华金融评论，2021(2)：107-112.

[16] 刘来宾.坚持靶向治疗加大金融领域反腐败力度——中央纪委国家监委驻四家银行纪检监察组组长谈贯彻落实中央纪委三次全会精神 [J].中国纪检监察， 2019(3)：20-22.

[17] 罗亚妮，叶珍英.台州农信坚守支农支小初心深耕 "三农" 沃土践行普惠金融 [N].中国农村信用合作报， 2021-03-23(1).

[18] 罗亚妮，叶珍英.台州农信：高质量推进全方位普惠金融走深走实[N]，浙江日报， 2021-02-06(8).

[19] 彭张林，张爱萍，王素凤，等.综合评价指标体系的设计原则与构建流程 [J].科研管理，2017，38(S1)：209-215.

[20] 沈沛龙，周浩.基于支持向量机理论的中小企业信用风险预测研究[J].国际金融研究，2010(8)：77-85.

[21] 汪应洛.系统工程 [M].2 版.北京：机械工业出版社，2003.

[22] 2021 金融科技重点试点城市政策汇总 [EB/OL].(2021-06-02)[2022-04-26]. http：//www. financetown. com. cn/arc/14-1959. html.

[23] 浙江首批五星级小微企业园，台州占了两席 [EB/OL].(2020-03-18)

［2022-04-26］. https：//www. sohu. com/a/381121536_99962827.

［24］ 市金融办召开 2021 年全市金融稳定工作会商会暨《防范和处置非法集资条例》工作任务部署会 ［EB/OL］.（2021-04-28）［2022-04-26］. http：//jrb. zjtz. gov. cn/art/2021/4/28/art_1229039050_58925318. html.

［25］ 信息公开 数字赋能 政民互动 台州市创新"渔省心"模式打造"阳光渔务"全国样板 ［EB/OL］.（2021-12-27）［2022-05-08］. http：//www. zjtz. gov. cn/art/2021/12/27/art_1229471530_59051930. html.

［26］ 廉在金融｜市金融办召开全市"清廉金融"建设推进会 ［EB/OL］.（2021-08-12）［2022-04-26］. http：//jrb. zjtz. gov. cn/art/2021/8/12/art_1229039065_58925428. html.

［27］ 全市金融办系统主任会议顺利召开 ［EB/OL］.（2021-03-13）［2022-04-26］. http：//www. zjtz. gov. cn/art/2021/3/13/art_1229502742_59040996. html.

［28］ 台州市金融办关于市政协五届五次会议第 2021055 号提案答复的函 ［EB/OL］.（2021-07-23）［2022-04-26］. http：//www. zjtz. gov. cn/art/2021/7/23/art_1229453653_3723743. html.

［29］ 台州市组织开展"防范和处置非法集资专题培训" ［EB/OL］.（2021-12-06）［2022-04-26］. http：//jrb. zjtz. gov. cn/art/2021/12/6/art_1229039069_58927870. html.

［30］ 台州市组织开展清廉金融示范点创建评审工作 ［EB/OL］.（2021-12-22）［2022-04-26］. http：//jrb. zjtz. gov. cn/art/2021/12/22/art_1229039050_58928861. html.

［31］ 台州市银行业协会，台州市保险业协会. 台州市银行业保险业小微金改实验室项目成果汇编 ［EB/OL］.（2021-05-21）［2022-04-26］. http：//www. yunzhan365. com/96024620. html.

［32］ "小微金改实验室"落地初显成效 ［EB/OL］.（2021-02-20）［2022-04-26］. http：//jrb. zjtz. gov. cn/art/2021/2/20/art_1229039053_58925230. html.

［33］ 杨芳. 台州银行：清廉监督与教育护航小微金融发展 ［N］. 台州日报，

2021-12-03(11).

［34］叶强，刘作义，孟庆峰，等.互联网金融的国家战略需求和关键科学问题［J］.中国科学基金，2016(2)：150-158.

［35］张蔚文，卓何佳，董照樱子.新冠疫情背景下的用工荒：基于人口流动与复工复产政策的考察［J］.中国人口(资源与环境)，2020，30(6)：29-39.

［36］中国人民银行有关负责人就《征信业务管理办法》答记者问［EB/OL］.(2021-10-01)［2022-04-26］.http：//www.gov.cn/zhengce/2021-10/01/content_5640686.html.

［37］人民银行台州市中心支行负责人回应群众关切［EB/OL］.(2020-11-12)［2022-04-26］.http：//www.zjtz.gov.cn/art/2020/11/12/art_1229198167_59031180.html.

［38］周萃.银行业持续优化小微金融服务见实效［EB/OL］.(2021-08-31)［2022-04-26］.https：//www.financialnews.com.cn/yh/shd/202108/t20210831_227240.html.

［39］朱华，孟文，沈力.为"制造之都"高质量发展注入动力［N］.浙江日报，2022-03-07(10).

［40］朱玲巧，陆健.浙江台州："农民家庭资产池融资"巧解农民贷款难［EB/OL］.(2021-12-15)［2022-11-24］.https：//share.gmw.cn/difang/zj/2021-12/15/content_35383581.htm.

［41］浙江(台州)小微金融研究院，厦门大学数据挖掘研究中心.台州小微金融发展报告(2020)［M］.北京：中国金融出版社，2020.

［42］WANG C，FANG K，ZHENG C，et al.Credit scoring of micro and small entrepreneurial firms in China［J］.International entrepreneurship and management journal，2021，17(1)：29-43.